저자 소개

글 사회평론 역사연구소
오랫동안 어린이 교육과 역사 콘텐츠를 연구한 전문가들이 모여, 우리 아이들이 쉽고 재미있게 공부할 수 있는 책을 만들고 있어요. 《용선생의 시끌벅적 한국사》,《용선생 교과서 한국사》,《용선생 처음 세계사》,《교양으로 읽는 용선생 세계사》 등을 쓰고 펴냈어요.

김언진 | 사회평론 역사연구소 연구원
국어교육을 전공하고, 초·중등학생을 대상으로 한 국어 및 독서 논술 교재 콘텐츠를 연구 개발했어요.

정지윤
서울대학교 국어교육과를 졸업하고, 문화예술 기관에서 기획 업무를 담당했어요.

장유영
서울대학교에서 지리교육, 공통사회교육, 언론정보학을 공부했어요. 졸업 후 학교에서 학생들을 가르치다 지금은 어린이책을 만들고 있어요.

그림 뭉선생
2006년 LG·동아 국제 만화 공모전 극화 부분 당선으로 데뷔했어요. 《우주를 여는 비밀 열쇠》,《용선생 만화 한국사》 등을 그렸어요.

그림 윤효식
2002년 《신검》으로 데뷔했어요. 《마법천자문 사회 원정대》,《용선생 만화 한국사》 등을 그렸어요.

자문·감수 곽민수
이집트 고고학자예요. 현재 한국이집트학연구소 소장으로 있으며, 〈고고학 자료를 통해서 본 투트모스 3세의 과거인식과 개인 정체성〉,〈신왕국 이집트의 누비아 식민화와 신전 도시〉 등의 논문을 썼어요. 여러 매체에 기고와 방송 출연, 다양한 대중 강연을 진행하고 있어요.

캐릭터 이우일
홍익대학교에서 시각디자인을 공부했어요. 《우일우화》,《고양이 카프카의 고백》,《용선생의 시끌벅적 한국사》,《교양으로 읽는 용선생 세계사》 등을 그렸어요.

용선생이 간다

세계 문화 여행·14

글 사회평론 역사연구소 | 그림 뭉선생, 윤효식 | 자문·감수 곽민수 | 캐릭터 이우일

 이집트

사회평론

차 례

1일 카이로

나선애, 카이로에서 화려한 가면에 반하다! 11

용선생의 스페셜 가이드
이집트가 궁금해! 20

2일 카이로 근교

왕수재, 수천 년 전 문자를 관찰하다! 23

용선생의 스페셜 가이드
나일강의 선물, 이집트 문명 한눈에 보기 30

3일 기자

곽두기, 기자의 대 피라미드에 압도되다! 33

용선생의 스페셜 가이드
피라미드는 어떻게 만들었을까? 40

4일 아스완

허영심, 나일강에서 펠루카를 타다! 43

용선생의 스페셜 가이드
슬기로운 이집트인 생활 50

5일 아부심벨

장하다, 아부심벨 신전의 신비로움에 빠지다! 53

용선생의 스페셜 가이드
이집트의 유명한 파라오들 60

6일 룩소르

왕수재, 열기구를 타고 룩소르를 내려다보다! 63

용선생의 스페셜 가이드
그림으로 알아보는 이집트의 신 70

7일 룩소르

곽두기, 왕들의 계곡에서 미라를 만나다?! 73

용선생의 스페셜 가이드
이집트의 주요 종교 이슬람교 알아보기 80

8일 시나이반도

장하다, 성스러운 산에 오르다! 83

용선생의 스페셜 가이드
이집트의 중요한 자산, 수에즈 운하 90

9일 바하리야 사막

나선애, 이집트 사막에서 보드를 타다! 93

용선생의 스페셜 가이드
전통을 지키며 살아가는 이집트인 100

10일 알렉산드리아

허영심, 알렉산드리아의 노을에 반하다! 103

용선생의 스페셜 가이드
시끌벅적 이집트의 축제 112

퀴즈로 정리하는 이집트 116

정 답 118

용선생
나일강의 선물,
이집트!
구석구석 둘러보자!

나선애
수천 년이 된
유적지를 직접 볼
생각을 하니 마음이
두근두근 떨려!

장하다
이집트의 방방곡곡을
튼튼한 두 다리로
누벼야지!

허영심
이집트 사람들은
이슬람교를 많이 믿는대~
예쁜 히잡 써 봐야지!

왕수재
이집트는 역사가
어마어마하게 길다던데.
값진 보물들도 많겠지?

곽두기
이집트에 가면
사막 투어도 할 수 있대!
정말 재밌겠다~

나도 같이
여행할 거야!
꼭꼭 숨어 있는
나를 찾아봐!

♥ 여행 5일째 아부심벨에서

이집트 일주 코스를 소개합니다~

지중해

✓ **3일** 세계에서 가장 큰 스핑크스와 사진 찍기

✓ **9일** 바하리야 사막에서 샌딩 보드 타기

리비아

✓ **5일** 아부심벨 신전의 가장 깊숙한 곳까지 들어가 보기

나선애의 간단 정리!

나라 이름: 이집트 아랍 공화국(جمهورية مصر العربية)
면적: 약 100만 제곱킬로미터(한반도의 약 5배)
인구: 약 1억 1,448만 명(2024년 기준)   **수도:** 카이로(القاهرة)

이집트는 아랍어를 사용해. 인사를 할 때는 "앗살람 말라이쿰! (ٱلسَّلَامُ عَلَيْكُمْ / 당신에게 평화가 있기를!)"

토막 회화 한마디!

"감사합니다."라고 해야 할 땐 "슈크란(شكرا)"이라고 해.

나선애,
카이로에서 화려한 가면에 반하다!

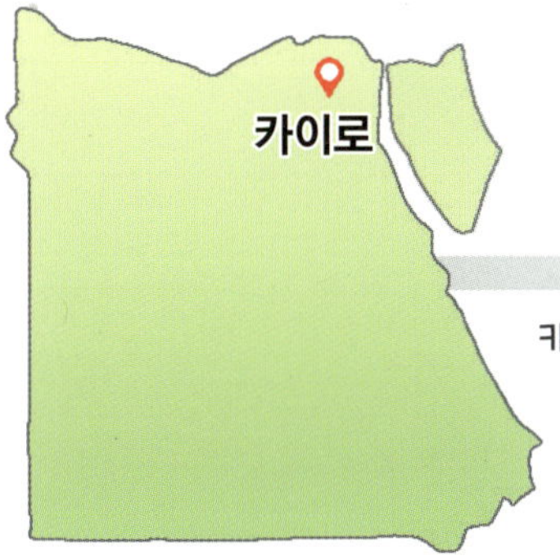

카이로

카이로 타워 ▶ 이집트 박물관 ▶ 이슬람 지구 ▶ 콥트 지구 ▶ 칸 엘칼릴리 시장

이집트의 수도 카이로

야호! 드디어 이집트 여행 시작!

우리는 이집트의 수도 카이로에 왔어.

본격적으로 여행을 하기 전에, 카이로에서 가장 높은 카이로 타워에 올라가 보기로 했지.

그곳에 올라가면 도시의 모습을 한눈에 내려다볼 수 있대. 얼른 올라가 봐야지!

> 와~ 가슴이 뻥 뚫리는 것 같아요!

> 왕수재, 아프리카까지 진출하다!

> 선생님, 카이로 타워에 70분에 한 바퀴를 도는 회전식 레스토랑이 있대요!

겨울인데 별로 춥지 않네요?
▶ 이집트는 여름에는 무척 덥고, 겨울은 우리나라 봄, 가을과 비슷한 기온이야. 그래서 12월에서 2월 사이에 관광객이 제일 많대.

"우아, 카이로에도 강이 있네요?"

"서울처럼 높은 건물도 많아요!"

우리가 이것저것 이야기를 쏟아내자 선생님께서 차근차근 대답해 주셨어.

카이로 한가운데에는 세계에서 가장 긴 나일강이 흐르고 있대.

그리고 카이로는 천만 명이 넘는 사람들이 사는 엄청 큰 대도시라고 해.

선생님의 설명을 들으니 이집트 여행이 더 기대되는데? 호호.

건물 전체를 감싸고 있는 연꽃 문양은 고대 이집트에서 재생과 부활을 상징한대.

카이로 타워

카이로는 언제 생긴 도시예요? ▶ 600년대 초, 이슬람교가 탄생하고 이슬람교를 믿는 사람들은 나라를 세우고 세력을 넓혀 갔어. 그러다 641년에 이집트를 점령하고 도시를 세웠는데, 그 도시가 바로 카이로야.

📍 고대 유물이 가득한 이집트 박물관

"자, 이제 이집트에서 가장 큰 박물관에 가볼까?"
이집트는 역사가 어마어마하게 긴 나라라던데, 어떤 유물이 있을까?
박물관은 전 세계에서 몰려든 관광객으로 와글와글 붐볐어.
이 박물관에는 10만 점이 넘는 유물이 있는데, 심지어 5천 년 전 유물도 볼 수 있다더라고! 전시품을 다 둘러보려면 하루가 더 걸린다고 해서 각자 흩어져서 보고 싶은 걸 보기로 했어.

이집트는 얼마나 오래된 나라예요?

▶ 약 5천 년 전, 나일강 주변에서 이집트 문명이 탄생했어. 이후 여러 왕조가 생겼다 사라지면서 지금까지 역사가 이어졌지.

"와, 이 가면 좀 봐! 엄청 화려하다!"
번쩍번쩍 빛나는 황금 가면을 보자 나도 모르게 감탄사가 나왔어. 이건 투탕카멘이라는 왕의 미라* 얼굴에 쓰여 있던 거래.
* 오랜 시간이 지나도 썩지 않게 처리한 시체
어찌나 섬세하게 조각이 되어 있는지, 눈을 뗄 수가 없었지. 으쌰으쌰! 볼 게 많으니 얼른 힘내서 다른 유물도 둘러봐야지!

📍 카이로 이슬람 지구

카이로는 세계에서 가장 오래된 이슬람 도시 중 하나야.
이집트 사람들에게 이슬람교는 생활의 일부래.
그래서인지 이슬람교 사원인 모스크도 많이 보이더라!
우리는 둥근 지붕과 뾰족한 탑이 세워진 모스크들을 둘러봤어.
엄청 오래된 모스크도 있었고, 입이 떡 벌어지게 큰 모스크도 있더라고!

> 먼 옛날 이 모스크에는 이슬람교를 가르치는 학교가 있었단다. 그 학교가 발전해서 지금의 아즈하르 대학교가 되었지. 아즈하르는 이슬람 세계에서 가장 뛰어난 교육 기관으로 인정받아서 '이슬람의 하버드 대학'이라고도 부른대.

알 아즈하르 모스크

> 이 모스크는 지어진 지 천 년이 넘었대!

> 저기 올라가 보자!

이븐툴룬 모스크

술탄 하산 모스크

이븐툴룬 모스크

❓ **이슬람교는 어떤 종교예요?**
▶ 이슬람교는 610년에 무함마드가 천사의 계시를 받고 만든 종교야. 오늘날 이슬람교는 불교, 크리스트교와 함께 세계 3대 종교 중 하나지.

"어? 이게 무슨 소리예요?"

우웅~ 어디선가 메아리 같은 목소리가 울려 퍼졌어.

"이집트에는 이슬람교를 믿는 사람들이 아주 많아. 이 소리는 모스크에서 이슬람교의 기도 시간을 알려주는 거란다."

오호! 이슬람교를 믿는 사람들은 하루에 다섯 번 기도를 해야 한대. 엄청 부지런해야겠다~

 이집트 사람들이 믿는 크리스트교 콥트교

"그럼 이집트 사람들은 다 이슬람교만 믿어요?"

앗! 나도 그게 궁금했는데!

"이집트에는 이슬람교를 믿는 사람들이 대다수지만, 크리스트교를 믿는 사람들도 있단다."

이집트 사람들이 믿는 크리스트교는 크리스트교의 한 갈래인 콥트교래.

카이로에는 콥트교를 믿는 사람들이 모여 사는 콥트 지구도 있었지.

콥트 교회와 박물관이 모여 있어서 이곳저곳 구경했어.

 이집트에 콥트교를 믿는 사람들이 많아요? ▶ 이집트 인구의 약 10퍼센트 정도가 콥트교를 믿는대. 하지만 이집트에서 이슬람교를 믿는 사람이 대다수이다 보니 오랫동안 차별을 받고 있지.

오늘의 마지막 일정은 바로 **칸 엘칼릴리 시장** 구경!

세계에서 가장 오래된 재래시장 중 한 곳인데, 무려 700년 전에 만들어졌대!

선생님을 따라 골목길로 들어서니, 좁은 골목에 가게들이 잔뜩 늘어서 있었지.

여기는 카이로에서 가장 큰 시장답게, 향신료부터 알라딘에 나오는 요술 램프처럼 생긴 그릇들까지 없는 게 없었어.

그릇도 사고 싶고, 저 조명도 예쁘고! 으아~ 다 사고 싶어서 어쩌지~

칸 엘칼릴리 시장

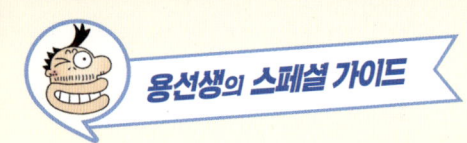

이집트가 궁금해!

이집트 여행 첫날 즐거웠니?
이집트는 앞으로 볼거리, 즐길 거리가 무궁무진한 나라야.
아이들이 이집트에 대해 궁금한 게 많다고 해서 궁금증을 풀어주기로 했어.
자, 이집트에 대해 무엇이든 물어보세요!

이집트는 어디에 있어요?

이집트는 아프리카 대륙의 북동쪽 끝에 있어. 총 면적은 한반도의 5배가 넘지만, **나일강 주변을 제외한 대부분 지역은 사람이 살기 힘든 사막**이란다. 하지만 이집트 인구는 약 1억 400만 명으로, 아랍어를 사용하는 주변 국가 중에서는 인구가 가장 많아. 이집트 사람들의 90퍼센트가 강 주변의 좁은 땅에 몰려 살기 때문에 사람들이 느끼는 실제 인구 밀도는 우리나라 못지않게 높대.

오? 이집트는 바다만 건너면 바로 유럽이네!

▼ 우주에서 본 나일강 삼각주

나일강은 얼마나 길어요?

이집트를 관통하는 나일강은 총 길이가 약 6,700킬로미터에 이르는 **세계에서 가장 긴 강**이야. 아프리카 적도 남쪽의 높은 산과, 넓은 호수에서 흐르기 시작해 수단과 이집트를 지나 마지막에는 지중해로 흘러 들어가지. 나일강이 지중해와 만나는 하류 지역에 형성된 **삼각주 지대**는 세계에서 가장 큰 삼각주 지형 중 하나야. 부채꼴 모양으로 펼쳐진 이 지역은 비옥한 곡창 지대지.

삼각형 모양의 나일강 삼각주에 이집트 사람들 대부분이 모여 산다니!

이집트는 어떤 기후예요?

이집트는 대부분 지역이 비가 잘 안 오는 건조 기후에 속해. 나일강 주변과 지중해와 접한 좁은 해안 지방을 제외하면 전국이 사막이야. 일부 지역에서는 수년간 비가 전혀 오지 않는 지역도 있을 정도래. 주로 4월에서 10월은 기온이 높고 건조한 여름, 11월에서 3월은 낮에는 덥고 밤에는 서늘한 겨울이지.

이집트는 어떤 산업이 발달했어요?

이집트는 고대 유적과 유물이 워낙 많아서 **관광 산업이 발달**했어. 매년 천만 명이 넘는 관광객들이 이집트를 찾고, 관광 수입만으로 국내 총생산(GDP)의 10분의 1을 벌어들이지. 이집트는 아직까지 **농업이 중요한 부분을 차지**해. 주로 면화, 밀, 옥수수, 쌀, 보리 등을 재배하는데 그중 밀의 생산량은 북아프리카 중 가장 많아. 면화는 농업 수출 1위 품목으로 유럽과 아시아의 여러 지역에 수출하고 있어.

이렇게 멀리 있는데 우리나라랑도 교류하나요?

우리나라와 이집트는 1995년 4월 공식적으로 외교를 맺으면서 긴밀한 협력 관계를 맺고 있어. 경제와 무역 분야의 협력을 맺고 외교 관계를 점차 확대했지. 이집트에서는 2009년부터 우리나라 드라마가 방송되면서 우리나라에 대한 관심도 높아졌고, 이집트 대학에 한국어과도 생겨서 한국 문화가 전해지고 있대.

알맞은 퍼즐 찾기

시장에서 투탕카멘 황금 가면이 그려진 퍼즐을 하나 샀어.
그런데 퍼즐 조각 여섯 개가 빠져 버렸네!
빈자리에 알맞은 퍼즐을 짝지어 보자!

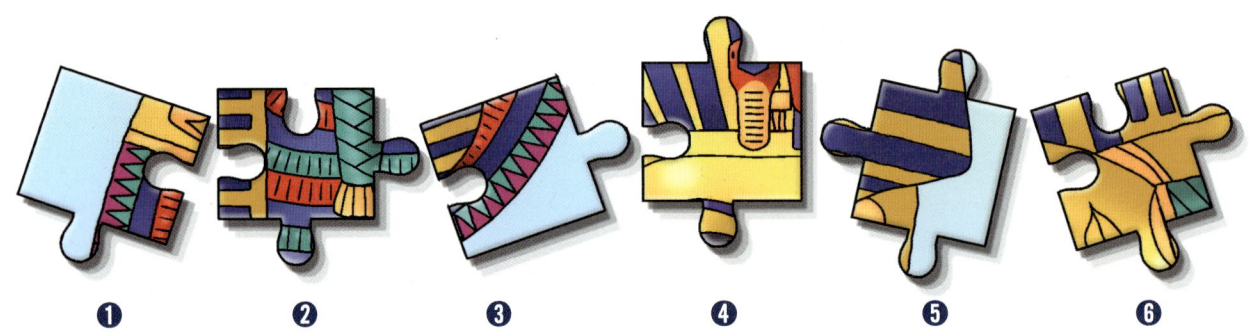

❶ ❷ ❸ ❹ ❺ ❻

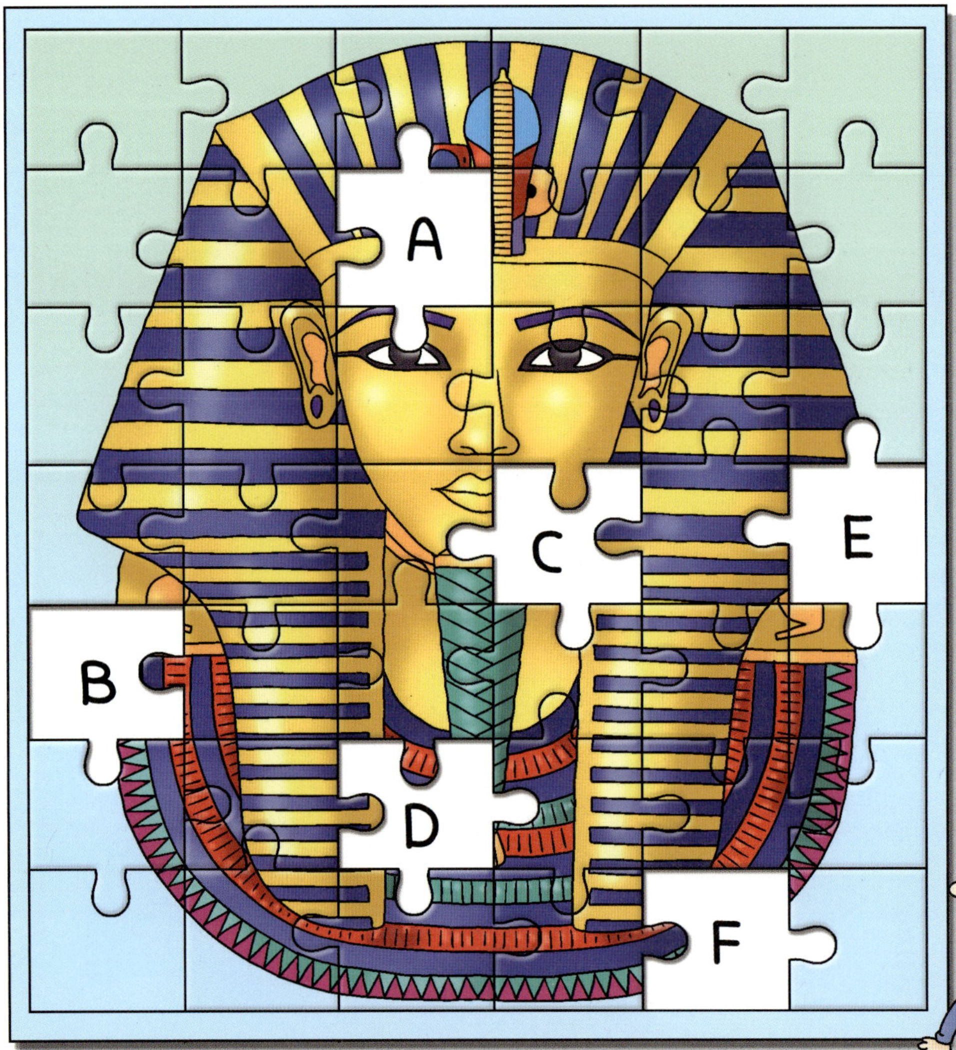

왕수재, 수천 년 전 문자를 관찰하다!

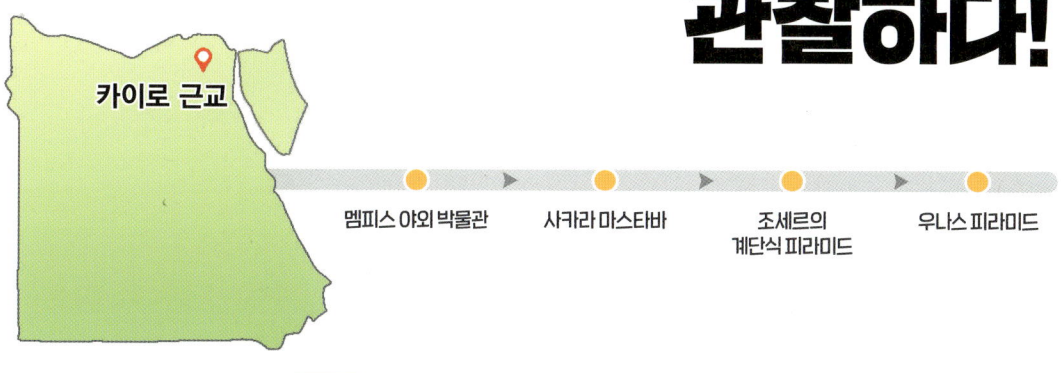

카이로 근교

멤피스 야외 박물관 ▸ 사카라 마스타바 ▸ 조세르의 계단식 피라미드 ▸ 우나스 피라미드

고대 이집트 최초의 수도

하암~ 오늘은 카이로 근처의 도시들을 둘러볼 거래.
첫 번째로 간 곳은 약 5천 년 전 고대 이집트 왕국 최초의 수도 멤피스!
여러 유적이 남아 있지만, 대부분은 야자나무만 듬성듬성 심어진 폐허래.
그래서 우리는 멤피스의 유물이 모여 있는
멤피스 야외 박물관으로 향했어.

이집트 파라오의 권력을 상징하는 스핑크스와 한 컷~

이렇게 야외에 유물이 전시돼 있다니~ 신기해요!

옛날에 수도였을 때는 엄청 큰 신전이 있었대~

야~ 얼른 잠 깨!

어떤 신전이 있었어요?
▶ 멤피스를 지키는 신이자, 이집트 신화에서 우주의 창조자라고 믿는 '프타' 신의 신전이 있었대.

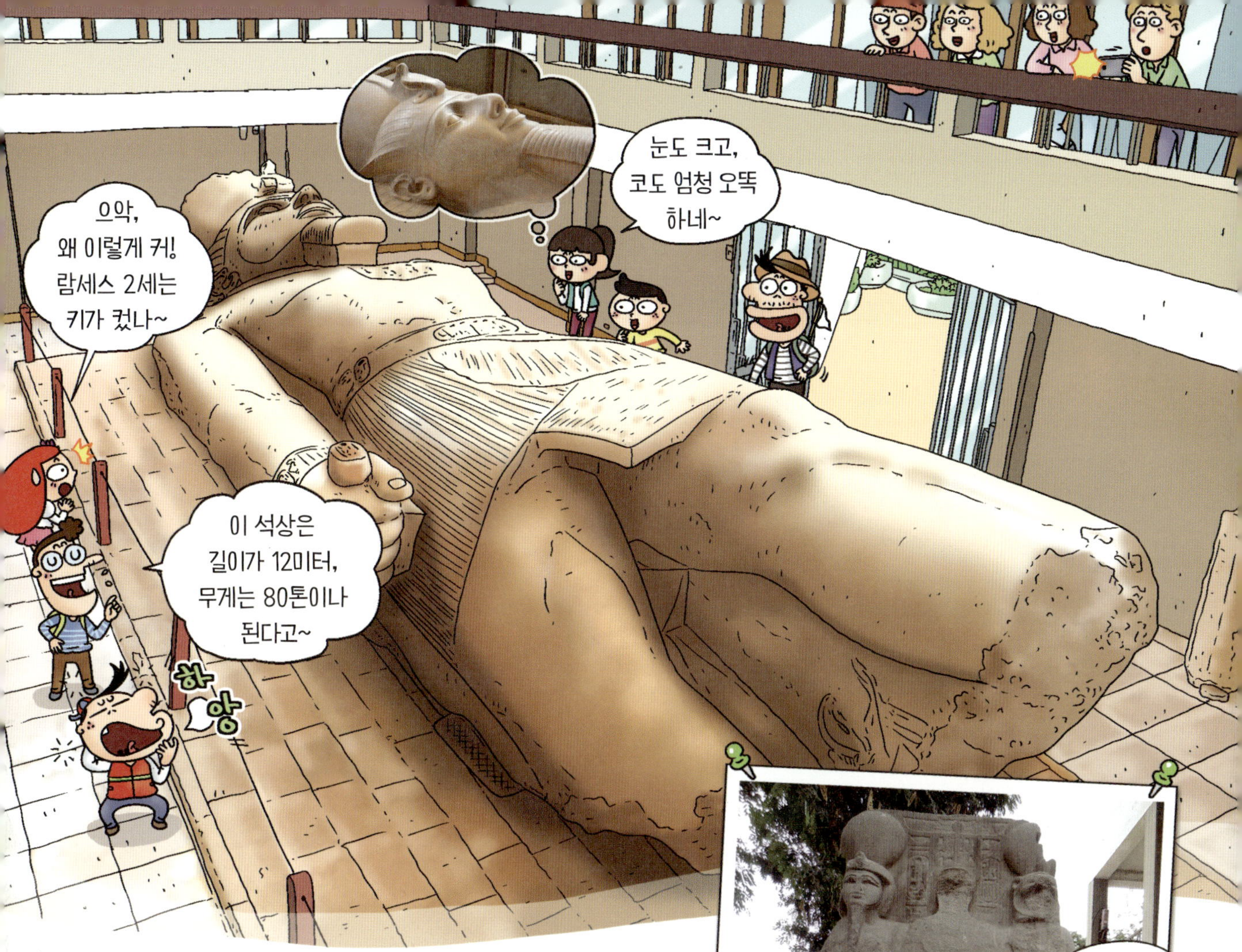

"헐, 이게 뭐야! 엄청 큰 사람이 누워 있네요!"
두기 말대로 건물 안에는 거대한 석상이 누워 있었어. 다리는 훼손되었지만 표면이 매끄럽게 잘 보존되어 있었지.
"이 사람은 누구예요?"
호호, 그 사람은 누구인지 내가 알려주지! 바로 **고대 이집트의 파라오*** 중 가장 유명한 **람세스 2세**!

* 고대 이집트의 왕

설명 좀 더 하려고 했더니, 다들 나가 버렸네? 같이 가!

멤피스를 대표하는 세 명의 신

 람세스 2세는 왜 유명해요?

▶ 고대 이집트 왕국의 전성기를 이끈 파라오거든. 람세스 2세와 관련된 신전과 유적은 앞으로 많이 만나게 될 거야.

25

고대 이집트의 다양한 무덤

다시 차를 타고 사카라로 향했어.

"사카라는 작은 마을이야. 이곳이 유명한 이유는 고대 이집트 파라오와 귀족들의 무덤이 모여 있기 때문이지."

아싸! 무덤이라면 드디어 피라미드를 보는구나! 기대를 잔뜩 안고 선생님을 따라갔어. 그런데 가장 먼저 향한 곳은 납작한 모양의 건물이었지. 알고 보니 맨 처음 파라오의 무덤은 보통 집채만 한 크기의 사각형으로 지었대.

"더 이전에는 간단하게 구덩이에 파묻었단다. 그러다 이렇게 직사각형으로 만들었는데, 이런 무덤을 '마스타바'라고 하지."

피라미드가 뭐예요?
▶ 돌이나 벽돌을 쌓아 만든 거대한 건축물이야. 이집트 이외에 여러 나라에서 만들었지만 이집트 피라미드가 제일 유명하지. 이집트의 피라미드는 대부분 고대 이집트 파라오나 왕족의 무덤이야.

파라오 조세르의 계단식 피라미드

마스타바 위에 다섯 층의 마스타바를 쌓아 올렸어. 올라갈수록 좁게 만들었단다. 높이는 약 62미터에 달하지.

"조금 멀리 가야 하니까 낙타를 타고 갈까?"

좋아요! 그런데 낙타 등에 올라타니 생각보다 높아서 무서운데?!

흔들흔들 낙타를 타고 조금 가다 보니

저 멀리 **높은 계단처럼 생긴 건축물**이 보였어!

어라? 가까이 가서 보니 책에서 본 피라미드랑은 조금 다르네?

"우리가 생각하는 피라미드는 사각뿔의 모양이지만 그 전에 여러 모습을 거쳐 발전한 거란다. 이건 **파라오 조세르의 계단식 피라미드**야."

아하! 그렇구나! 오늘 또 새로운 걸 배웠네!

계단식 피라미드는 누가 만들었어요?

▶ 유능한 관리 임호테프야. 당시 파라오였던 조세르를 위해 최초로 계단식 피라미드를 설계했어. 게다가 임호테프는 건축, 정치분만 아니라 의술, 천문학에도 뛰어났다고 해.

"오잉? 여기도 둘러보는 거예요?"

겉보기에는 작고 볼품없는 피라미드가 있었어. 피라미드가 아니라 무너진 흙산 같았지. 이 피라미드의 주인은 파라오 우나스! 안에 특별한 볼거리가 있대!

우리는 고개를 숙이고 좁고 기다란 터널을 지나 내부로 들어갔어.

터널을 지나자 널찍한 방이 나왔지. 잠시 후 안내원이 불을 밝히자, 사방에 그림처럼 생긴 문자가 빼곡하더라고! 우아, 진짜 멋지다!

주문의 내용은 뭐예요?

▶ 주로 신을 찬양하거나 파라오의 재생, 부활을 기원하는 내용이래.

이집트 전통 음식 **코샤리**와 **에이쉬**

코샤리

에이쉬

"선생님… 너무 배고파서 걸어 다닐 힘이 없어요."
카이로로 다시 돌아오니 어둑어둑해졌어.
나도 부지런히 돌아다녀서 그런지 배가 고프더라고!
"오늘 저녁은 이집트 전통 음식 코샤리와 에이쉬란다!"
코샤리는 찐 쌀이나 면 위에 새콤하고 매운 토마토 소스를 뿌려 먹는 음식이래.
에이쉬는 우리나라 호떡이랑 모양은 비슷했는데, 속이 비어 있고 고소한 맛이 났어.
내일도 열심히 돌아다녀야 되니까 많이 먹어야지!
잘 먹겠습니다!

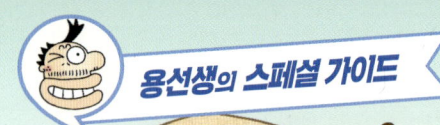

나일강의 선물, 이집트 문명 한눈에 보기

지금으로부터 약 5천 년 전, 나일강 주변에서는 인류의 4대 문명 중 하나인 이집트 문명이 생겨났어. 이후 이집트 문명은 거의 3천 년간 존재했지. 오랜 시간 꽃피웠던 이집트 문명에 대해 알아보자!

| 초기 왕조 | 고왕국 | 제1 중간기 | 중왕국 |

- 기원전 5000년 무렵
- 기원전 3100년
- 기원전 2686년
- 기원전 2181년
- 기원전 2055년

기원전 5천 년 무렵에 이집트 사람들은 나일강 주변에서 농사를 짓기 시작했대. 강물이 넘치면 상류에서 떠내려온 기름진 흙이 쌓여 농사가 잘된다는 걸 알았기 때문이지. 농사가 잘돼 먹을 것이 많아지자, 강 주변에 점점 많은 사람이 모여들었어. 그래서 이집트 문명을 '나일강의 선물'이라고도 해.

고왕국

메네스가 나일강 상류의 상이집트와 하류의 하이집트를 통일하고 **멤피스를 수도**로 정했어. 조세르는 사카라 지역에 최초의 계단식 피라미드를 만들었고, 이후 쿠푸왕, 카프레왕, 멘카우레왕은 기자에 피라미드를 건설했어.

이집트는 총 세 차례에 걸쳐 통일 왕국이 들어섰어. 이 세 왕조를 순서대로 고왕국, 중왕국, 신왕국이라고 부른단다. 또 그 중간에 이집트가 분열되었던 시기를 중간기라고 해.

▲ 농사 짓는 모습을 그린 벽화

▲ 교역하러 온 힉소스인을 그린 벽화

중왕국

멘투호테프 2세가 혼란했던 중간기를 끝내고 50년 넘게 이집트를 다스렸어. 센우스레트 3세는 지방에 큰 세력을 가진 가문들을 평정해 권력을 한데 모으면서 강력한 중앙 집권을 확립했지. 이 시기에 리비아, 누비아, 시나이 등 주변 지역을 정벌했단다.

제2 중간기

아시아 출신의 힉소스 왕조가 하이집트를 지배하고, 원래 이집트인들은 상이집트에 왕국을 만들었어.

| 제2 중간기 | 신왕국 | 제3 중간기 | 말기 시대 | 프톨레마이오스 왕조 |

기원전 1650년 / 기원전 1550년 / 기원전 1069년 / 기원전 664년 / 기원전 332년 / 기원전 30년

신왕국

고대 이집트의 전성기였어. 여성 파라오 하트셉수트가 테베(지금의 룩소르) 지역에 신전을 지었어. 세티 1세는 아시아 지역을 정벌하고, 세티 1세의 아들 람세스 2세는 아부심벨 신전을 만들었지.

프톨레마이오스 왕조

마케도니아의 알렉산드로스 대왕이 이집트를 정복해 새로운 수도를 건설하였고, 이후 프톨레마이오스 장군이 새 왕조를 열었어. 그러다 기원전 30년에 로마의 옥타비아누스가 이집트의 마지막 파라오 클레오파트라의 군대를 물리치고 이집트를 정복했지. 이렇게 로마의 지배를 받으며, 찬란했던 이집트 문명은 막을 내려.

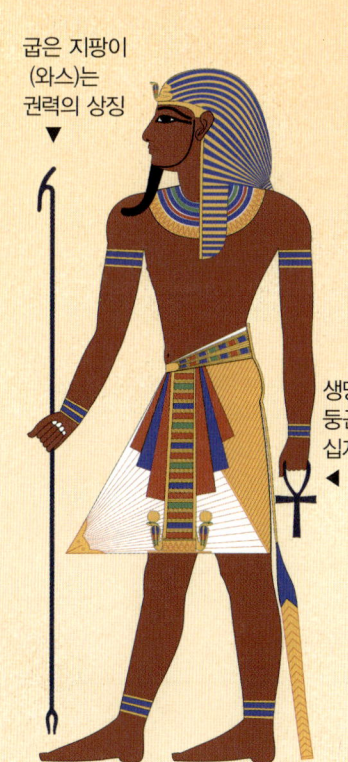

굽은 지팡이 (와스)는 권력의 상징 ▼

생명의 상징인 둥근 머리의 십자가(앙크) ◀

고대 이집트의 왕, 파라오

나일강 곳곳에 사람들이 마을을 이루며 살기 시작할 무렵, 힘을 모아 좀 더 잘살 수 있게 왕국을 세운 사람이 파라오야. 파라오는 농부들을 불러 모아 강가에 둑을 쌓고 물길을 만들었어. 불어난 강물을 다스려서 논과 밭에 물을 대주기 위해서였지. 그 덕분에 농사가 잘되자 백성들은 파라오를 높이 받들며 따랐어. 백성들은 **파라오가 신의 아들이라고 생각**했단다.

미로 찾기

수재가 우나스 피라미드에서 나오다가 길을 잃어버렸대.
수재가 피라미드에서 잘 나올 수 있도록 도와줄래?

곽두기, 기자의 대 피라미드에 압도되다!

다슈르 피라미드 ▶ 기자의 대 스핑크스 ▶ 기자의 대 피라미드 ▶ 태양의 배 박물관

오늘은 하루 종일 피라미드 구경하는 날!

"어제도 피라미드 많이 봤는데, 오늘 또 봐요?"

아이참! 하다 형이 뭘 모르네! 오늘은 또 다른 모양의 피라미드를 보러 가는 날이라고!

가장 먼저 향한 곳은 다슈르! '굴절 피라미드'로 유명한 곳이래.

"오, 진짜 어제 본 피라미드랑 모양이 다르네요?"

피라미드 아랫부분과 윗부분의 경사가 달라서 중간이 꺾인 것 같은 모양이네!

대체 어떻게 지은 걸까?

굴절 피라미드 각도가 어떻게 달라졌어요?

▶ 처음에는 경사가 54도나 되는 가파른 피라미드를 지어 올라갔어. 그러다 중간 즈음에 이르자 건축가들이 붕괴될 가능성이 있다고 보고 경사를 43도로 맞췄대. 이렇게 중간에 경사가 달라지니 자연스럽게 굴절되어 보인 거지.

이집트에서 가장 큰 스핑크스

다시 차를 타고 한 시간쯤 달려서 '기자'라는 곳에 도착!
"저기 봐요! 엄청 큰 동물 조각상이 있어요!"
호호, 영심이 누나가 엄청 신났는지 막 뛰어갔어.
저건 나쁜 귀신을 막으며 피라미드를 지키는 스핑크스래.
동물의 왕인 사자의 몸에 파라오의 머리를 하고 있지.
앗, 하다 형이 어느새 스핑크스를 따라 하며 사진을 찍네!
형, 나도 끼워 줘!

앗, 왜 코가 없어요?

바람이나 물에 깎였다는 이야기도 있고, 이집트가 이슬람의 지배를 받았을 때 지배자가 부쉈다는 이야기도 있어.

나는 먹보의 왕, 간식을 지키지!

나폴레옹의 프랑스군이 이집트를 공격했을 때 대포로 코를 맞혀서 부쉈다는 이야기도 있대요!

저 커다란 조각상이 하나의 바위를 조각해서 만든 거라니~ 세상에나!

기자의 대 스핑크스
길이 74미터, 폭 19미터, 높이 20미터의 세계 최대 조각상이자 이집트에서 가장 큰 스핑크스야.

기자의 대 피라미드

"자, 이제 세계에서 가장 유명한 피라미드를 보러 가 볼까?"
스핑크스 뒤로 보이던 피라미드를 향해 가 보니 입이 떡 벌어졌어.
엄청 거대한 피라미드 세 개가 위풍당당하게 서 있었지.
이게 바로 이집트를 상징하는 기자의 대 피라미드!
어찌나 높은지 아래에서 꼭대기를 쳐다보니
목이 너무 아팠어.

멘카우레 피라미드 65미터

여러 모습을 거쳐 발전한 피라미드의 발전 과정을 한번에 정리해볼까?

피라미드 모양 변천 과정

마스타바 → 계단식 피라미드 → 사각뿔 피라미드

이 작은 피라미드들은 파라오 부인들의 무덤이야.

❓ **이 피라미드들은 어떻게 만들었어요?**

▶ 피라미드를 쌓는 데 사용된 돌은 평균 무게가 2톤이 될 정도로 크고 무거워. 이런 돌이 약 230만 개 정도 쌓아 올려져 있는데, 오늘날 건축 기술로도 쉽지 않은 일이지. 자세한 방법은 용선생의 스페셜 가이드에서 알려줄게!

"우아, 이렇게 어마어마한 피라미드의 주인은 누구예요?"

선생님께서 이 피라미드의 주인은 파라오인 쿠푸, 카프레, 멘카우레라고 알려주셨어.

가장 큰 쿠푸의 피라미드는 다 지으려면 최소 20년은 걸렸을 거래. 헉!

수천 년 전에 어떻게 이렇게 큰 건물을 지을 수 있었는지 여전히 미스터리~!

카프레 피라미드
143미터

쿠푸는 카프레의 아버지이자, 멘카우레의 할아버지래. 여기에 있는 피라미드는 할아버지부터 손자까지 3대에 걸친 파라오의 무덤인 거지!

쿠푸 피라미드
147미터

이 피라미드들은 지어진 후 약 3,800년 동안 인간이 만든 건축물 가운데 가장 높은 건축물이었지.

저~기 쿠푸 피라미드는 멀어서 낮아 보이지만 실제로는 가장 높아. 50층 건물 높이래! 헤엑!

돌계단 하나가 내 키만 하대!

37

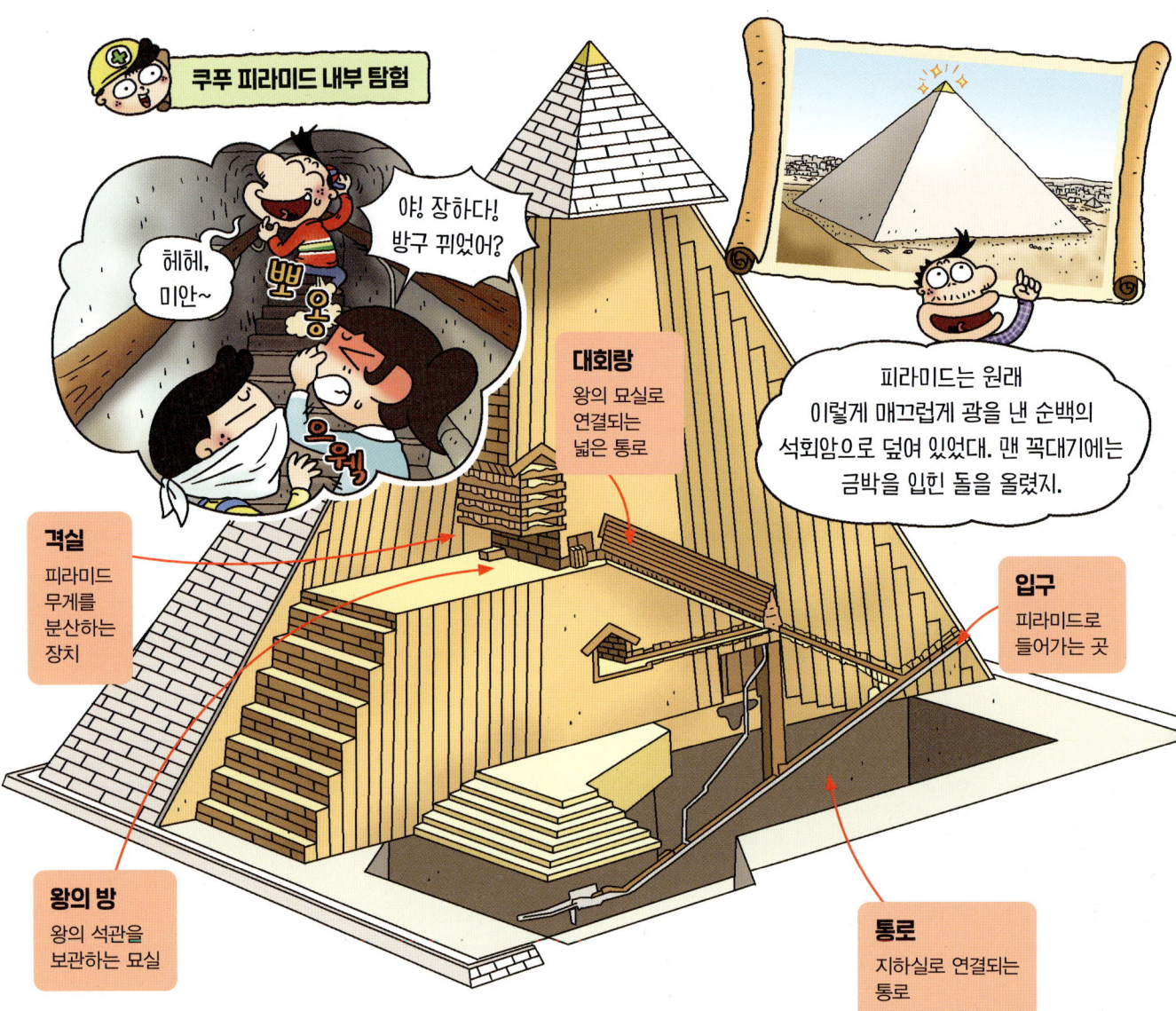

"거대한 피라미드 안은 어떤지 궁금해요!"

앗, 선애 누나랑 나랑 통했네.

나도 내부가 어떻게 생겼는지 궁금하던 참인데!

우리는 좁고 어두운 통로를 한참 지나서 넓은 방에 도착했어.

"엥? 아무것도 없네요?!"

알고 보니 전부 도굴*당해서 아무것도 안 남아 있었지.

*허락 없이 무덤이나 광물을 캐는 것

그래도 피라미드의 깊숙한 곳까지 들어가 보니 탐험가가 된 기분이네! 히힛!

 태양의 배 박물관

앗, 눈부셔! 어두컴컴한 피라미드 안에 있다가 나오니 눈이 부셨어.

"어? 선생님, 저 건물은 뭐예요?"

마치 캡슐처럼 생긴 건물이 눈에 띄었지.

선생님은 피라미드 못지않게 신기한 게 있다며 우리를 이끌었어.

시원한 내부로 들어가 보니 커다란 배가 공중에 떠 있더라고!

"쿠푸가 죽은 뒤에 하늘을 여행할 때 사용하려고 만들어진 나무 배란다."

헤엑! 그럼 수천 년 전에 만들어진 거네요!

10년 넘게 재조립해서 복원했다니,

이집트는 정말 신기한 거 투성이야!

 어떻게 나무로 된 배가 썩지 않고 남아 있어요?

▶ 이 배는 쿠푸 피라미드 옆에서 발견되었어. 4,600년 전에 만들어졌는데, 사막의 건조한 기후가 미생물의 발생을 억제했을 거래.

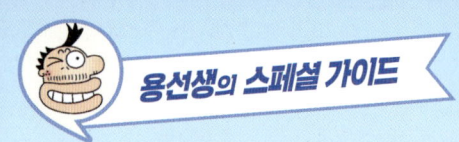

용선생의 스페셜 가이드

피라미드는 어떻게 만들었을까?

이집트에는 지금도 100개 이상의 피라미드가 남아 있어. 수천 년 전 고대 이집트 사람들은 어떻게 피라미드를 만들었을까? 용선생이 피라미드 건설과 관련된 궁금증을 다 해결해 줄게!

돌은 어디서, 어떻게 채취해요?

피라미드에 쓰인 돌은 대부분 석회석이야. 석회석은 비교적 무른 돌이어서 나무 망치나 돌 쐐기로도 쉽게 다듬을 수 있었단다. 피라미드가 자리 잡은 곳은 석회석이 많은 채석장과 비교적 가까운 곳이었지.

채취한 돌은 어떻게 옮겨요?

뗏목과 돌을 끈으로 연결해서 나일강을 건너면 많은 돌을 나를 수 있었지.

피라미드를 왜 만들었어요?

이집트 사람들은 사람이 죽으면 육체에서 영혼이 빠져나와 죽은 뒤의 세계로 가고, 그 세계를 무사히 건너면 다시 이 세상으로 돌아올 수 있다고 믿었어. 그래서 영혼이 돌아올 때를 대비해 육체를 썩지 않는 미라로 만든 거지. 피라미드는 파라오가 죽은 뒤에 머무는 궁전이었어. 그래서 거대하게 짓고, 거기에 사후 세계에서 쓸 온갖 물건들을 함께 묻었단다.

무거운 돌을 어떻게 위로 올려요?

피라미드를 쌓는 데 쓰인 돌 하나의 무게가 대략 2톤 정도 돼. 커다란 코뿔소 한 마리 정도의 무게지. 이렇게 무거운 돌은 아마 진흙이나 벽돌로 기다란 경사로를 만들고 돌 밑에는 둥근 나무를 깔아 돌을 끌어 올렸을 거야. 일단 경사로만 제대로 만들어지면 돌은 10명 내외만 힘을 써도 움직일 수 있었지.

얼마나 많은 사람이 일했어요?

대 피라미드를 완성하려면 약 10만 명의 사람이 20년 동안 쉬지 않고 일해야 만들 수 있었을 거래. 평범한 농민들과 기술자들이 돌을 캐고 나르고, 깎아서 피라미드를 지었어. 나일강이 범람해서 들판이 물에 잠기는 석 달 동안 농민들은 어차피 할 일이 없었어. 파라오는 그런 농민에게 임금을 주며 일을 시켰지. 게다가 범람기에는 피라미드 근처까지 물이 들어와서 돌을 옮기기도 편했단다.

다른 그림 찾기

기자의 대 피라미드 앞에서 단체 사진을 두 장 찍었어.
그런데 두 장 사진에 다른 점이 있네? 모두 일곱 군데야. 함께 찾아볼까?

허영심, 나일강에서 펠루카를 타다!

아스완

펠루카 타기 ▶ 엘레판티네섬 ▶ 누비아 마을 ▶ 누비아 박물관 ▶ 아스완 하이댐

고대 이집트인의 이동 수단 펠루카

야간 열차를 타고 이집트 남부의 아스완에 도착했어.

벌써 여행 4일째라 그런지 몸이 노곤노곤 피곤했지.

"얘들아, 조금 편하게 아스완 여행을 시작해볼까?"

우리는 나일강 강가로 향했어. 하얀 돛이 펄럭거리는 펠루카라는 배를 탔지.

"이 배는 고대 이집트 때부터 나일강에서 이용한 배란다."

펠루카는 모터가 아니라 바람을 이용하는 배였어.

아주 먼 옛날부터 사용한 배에 타고 있으니, 시간 여행을 하는 기분이 드네~

아스완은 어떤 도시예요?
▶ 오래전부터 아프리카의 다른 나라로 가는 관문이었어. 그래서 고대 상인들의 통로 역할을 했지. 지금은 다양한 공업이 발전한 도시야.

배를 타고 작고 아담한 섬에 도착했어. 섬의 이름은 **엘레판티네**!
"우리 자유롭게 각자 보고 싶은 걸 보고 선착장에서 만날까?"
야호! 자유 시간이다! 나는 선애랑 둘이 섬을 한 바퀴 돌기로 했지.
산책을 하다가 나일강 쪽으로 나 있는 계단으로 내려가 봤어.
알고 보니 여기는 **옛날에 나일강 강물의 높낮이를 측정하는 곳**이었대!

이렇게 나일강으로 내려가는 계단 벽에 눈금을 표시했는데, 눈금을 보고 나일강 강물 높이를 측정해서 홍수일지, 가뭄일지 예측했대.

나일강은 이집트 사람들한테 엄청 중요했구나~

내가 바로 나일강의 신 크눔!

여기가 신전이었다고요?

여기는 나일강의 신 크눔의 신전이었어. 사람들은 크눔 신이 이 섬에 살면서 나일강의 수량을 조절한다고 믿었단다.

누비아 마을

"앗! 여기서 만났네!"
알록달록한 마을을 구경하다가, 선생님과 다른 아이들을 우연히 마주쳤어.
"마침 잘 됐다. 여기는 너희에게 꼭 설명해 주고 싶었거든."
선생님은 아기자기한 이 마을에 누비아인이 살고 있다고 하셨어. 누비아인은
이집트의 소수민족인데, 한때는 이집트를 정복했을 만큼 막강한 세력을 자랑했지.
누비아인은 전통 문화를 소중하게 생각해서 지금도 전통 생활 방식을 유지하며 산대.
집집마다 벽에 아름다운 그림도 그려져 있고, 작은 가방 같은 수공예품을 파는 곳도
있어서 구석구석 둘러봤어.

전통 의상을 입은 누비아인

누비아인은 1960년대에 아스완 하이 댐 건설로 물에 잠긴 지역에서 이주해 와서 아스완 곳곳에 살고 있단다.

'누비아'가 뭐예요?
▶ 누비아는 나일강 상류, 지금의 수단 북동부 지방을 가리키는 지명이야. 누비아인은 바로 이곳에 살던 사람들이지. 누비아는 이집트와 붙어 있어서 이집트로부터 정치적, 문화적인 영향을 많이 받았어.

📍 누비아 박물관

"선생님, 아스완에 누비아 박물관도 있다는데요?"

박물관 마니아인 수재가 어느새 조사했나 봐. 수재가 간절히 바라니 한번 가볼까?

박물관에는 누비아인의 생활 모습을 재연해 놓은 것부터, 크고 작은 유물까지 다양한 볼거리가 있었어.

여기저기 바쁘게 구경하다 보니 장하다가 안 보이네?

그새를 못 참고 간식 사러 간 건가? 못 말려, 정말!

오늘은 탁 트인 곳에서 노을을 보며 하루를 마무리하기로 했어.
"여기는 **아스완 하이 댐**! 나일강의 홍수를 막고 사막을 농경지로 사용하기 위해 지은 댐이란다."
산업에 필요한 전기도 생산하는데, 한때 이집트 전력 생산량의 절반을 차지했대! 오호~
시원한 바람을 맞으며 높은 댐 위에서 감상하는 노을도 새롭네!
내일은 또 어디에서 어떤 경험을 하게 될까? 기대돼!

이 댐은 언제, 누가 만들었어요?
▶ 1971년에 완성된 댐으로, 이집트 제1대 대통령인 나세르가 만들었어. 길이는 3,600미터, 높이는 111미터지.

슬기로운 이집트인 생활

나일강이 없었다면 이집트 문명은 탄생하지 못했을 거야. 고대 이집트인들은 나일강 덕분에 여러 과학 기술을 발전시키고, 발명품을 만들 수 있었지. 어떤 것들이 있는지 알아볼까?

고대 이집트 나일강의 1년

7~10월(홍수기): 상류 밀림에 비가 많이 내리면 강물은 점점 불어나. 점차 하류 쪽으로 흐르면서 강가로 흘러 넘쳐.

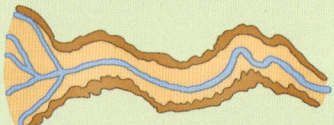

11~2월(파종기): 몇 달 뒤, 넘친 물이 빠지면 상류에서 떠내려온 기름진 흙이 남아. 사람들은 거기에 씨앗을 뿌리고 가꾸었어.

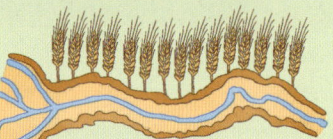

3~6월(경작기): 다 자란 곡식을 거두어들여. 그리고 다시 강물이 넘치기를 기다리지.

나일강이 언제 넘치는지 궁금해!  천문학

이집트의 천문학자는 하늘의 별을 관찰하며 나일강 강물이 언제 넘치는지 알아냈대. 나일강 강물이 넘칠 무렵, 아침에 동쪽 하늘을 보니 태양이 떠오르기 직전 시리우스 별이 먼저 떠올랐지. 그 뒤 이 별은 오랫동안 하늘에서 보이지 않았어. 하지만 365일이 지나자 시리우스 별이 다시 떠오르고 강물이 넘쳤어. 그래서 이집트 사람들은 1년을 365일로 하는 **태양력**이라는 달력을 만들었지.

수학 내 땅을 다시 찾고 싶어!

나일강 강물이 넘쳐흘러 휩쓸고 지나가면 농사짓던 땅의 경계가 사라져. 그럼 땅 주인끼리 싸움이 일어날 수 밖에 없지. 그래서 땅 크기를 재고, 다시 경계선을 만들기 위해 수학이 발전했단다. 또, 피라미드처럼 거대한 건축물을 세우려면 수학과 건축 기술이 꼭 필요하지. 이집트 사람들은 지금 우리처럼 **십진법**을 사용했어. 1부터 9까지 막대기로 하나씩 숫자를 표시하고 10, 100, 1000단위로 올라가면 다른 기호를 써서 숫자를 나타냈지.

파라오의 이름과 업적을 기록하라! `문자`

이집트의 그림 문자가 나타내는 소리를 표시한 표야.

우나스 피라미드 내부 벽면에 가득 새겨져 있던 무늬 기억나니? 그 무늬는 고대 이집트인이 개발한 문자야. 이집트 문자는 그림 문자에서 출발해 차츰 소리 문자로 발전했어. 1799년에 로제타 마을에서 이집트 문자와 그리스어가 새겨진 비석을 발견한 덕분에 이집트 그림 문자를 완전하게 해독하는 데 성공했지.

`발명` 종이처럼 사용한 파피루스

이집트 사람들은 **파피루스**를 만들어서, 여기에 문자와 그림을 그리며 종이처럼 사용했어. 원래 파피루스는 나일강에서 자라는 갈대 종류인데, 얇게 자른 뒤 나일강 강물에 적셔서 포개고 눌러서 종이처럼 만들었지. 종이를 뜻하는 영어 '페이퍼'가 바로 파피루스에서 나왔다고 해.

▲ 나일강 강가의 파피루스

파피루스 만들기

❶ 파피루스 줄기를 잘라 운반한다.

❷ 각 줄기를 약 30센티미터 길이로 자른 뒤, 줄기를 세로로 얇게 자른다.

❸ 자른 파피루스 줄기를 나란히 놓아 네모나게 만들고 그 위에 직각 방향으로 한 겹을 더 놓는다. 나무망치로 두들겨 편 다음, 돌이나 압축기로 누른다.

❹ 나무줄기에서 나오는 끈적한 진액으로 서로 붙게 한 후 말려서 종이처럼 사용한다.

숨은 물건 찾기

영심이의 가방이 열려 있었나 봐.
여기저기 흩어진 영심이의 물건 일곱 개를 같이 찾아줄래?

장하다, 아부심벨 신전의 신비로움에 빠지다!

아부심벨 신전 ▶ 나일강 크루즈

아부심벨

바위산을 깎아서 만든 아부심벨 신전

버스를 타고 한참을 달려 오늘의 목적지 아부심벨 신전에 도착했어.
멀리서 신전을 보자마자 깜짝 놀랐어!
바위산을 깎아서 만든 웅장한 신전이 있었거든.
"이 신전은 이집트 신왕국의 전성기를 이끈 람세스 2세의 신전이야."
람세스 2세는 자신의 위대함을 알리기 위해 자신을 본뜬
높이 20미터의 조각상 4개를 입구에 배치하고,
벽에는 자신이 전쟁에서 세운 공을 새겨 놓았대.
"어? 다리 쪽에도 작은 사람이 조각되어 있어요!"
거대한 람세스 2세의 조각상 다리 쪽에는
람세스 2세의 아내 네페르타리와 어머니,
왕자, 공주들이 새겨져 있었어.
내부는 어떤 모습일까?

저 조각상 얼굴만 4미터래!

다 짓는 데 얼마나 오래 걸렸을까?

20년 정도 걸렸을 거래~

태양신 조각상

입구 바로 위에는 태양신 조각상이 있어. 이 람세스 2세의 신전을 태양신에게 바친다는 뜻이래.

람세스 2세가 자신이 정복한 땅에 지은 거란다.

람세스 2세의 아내 네페르타리 조각상

신전 안으로 들어가니 입구부터 안쪽까지 복도에 파라오 석상이 줄지어 있었어.
선생님을 따라 들어가다 보니, 신전의 가장 깊숙한 곳까지 가게 됐지.
어두컴컴한 그곳에는 조각상 네 개가 나란히 앉아 있었어.
"이곳에는 일 년에 딱 두 번 햇빛이 비친단다."
알고 보니 햇빛은 람세스 2세 조각상부터 차례로 비추는데,
맨 끝에 있는 우주의 창조 신 프타에게는 절대 닿지 않는대.
"그만큼 태양의 움직임을 꼼꼼하게 계산하고, 거기에 맞춰 건물을 지을 수 있는
기술이 있어서 가능했던 거지."
우아~ 엄청 대단하네!

"선생님, 아부심벨 신전은 원래 여기 있던 게 아니라면서요?"
엥? 이건 또 무슨 소리?!
선애의 질문에 선생님은 벤치에 자리를 잡고 이야기를 시작하셨어.
아부심벨 신전은 원래 지금보다 낮은 지대에 있었는데, 아스완 하이 댐을 건설하면서 물에 잠길 위기에 처했었대. 그래서 유네스코에서 전 세계적으로 모금 활동을 벌였고, 그 자금으로 신전 전체를 뜯어내 원래보다 70미터 높은 현재 위치로 옮겨 놓았다는 거야~
이렇게 멋진 신전이 물에 잠기지 않아서 정말 다행이다!

하늘에서 본 아부심벨 신전

저렇게 큰 신전을 어떻게 옮겼어요?

원래의 신전을 20톤 단위로 모두 분리한 뒤, 그걸 조심조심 옮겨서 다시 결합한 거란다.

우리나라도 비용을 보탠 50개 나라 중 하나래요!

문화유산을 지키려고 전 세계에서 노력했네요! 멋져요~

"자, 휴게소에 도착했어. 잠깐 내려서 스트레칭 좀 할까?"
아부심벨에서 아스완으로 돌아가는 길에 휴게소에 들렀어.
그런데 휴게소는 사막 한가운데 덩그러니 있는 작고 허름한 모습이었지.
다행히도 간단한 간식은 팔아서 주스랑 홍차를 사 마셨어.
선생님이 마시는 홍차를 한 모금 마셔 봤는데, 이집트식 홍차는 달콤하더라고!
으아아~ 간식을 먹으니 에너지 충전!! 선생님, 얼른 출발해요~

물담배를 즐기는 이집트 사람들

수피 춤

아스완에 도착한 차는 나일강 강가로 향했어.

오잉? 오늘도 펠루카를 타러 가나? 궁금증을 갖고 강가 가까이 가자, 엄청 큰 배 크루즈가 우리를 기다리고 있더라고!

"룩소르까지는 이 배를 타고 편하게 가보자!"

오예! 크루즈에는 호텔처럼 방과 수영장, 기념품 가게, 세탁소 등 없는 게 없었어. 방마다 창문이 있어서 언제든지 나일강의 풍경도 볼 수 있었지.

게다가 밤에는 신나는 전통 공연도 볼 수 있대! 야호~ **나일강 크루즈** 맘에 든다!

용선생의 스페셜 가이드

이집트의 유명한 파라오들

오늘 둘러본 아부심벨 신전은 람세스 2세를 위해 지어진 곳이야.
이집트에는 람세스 2세 말고도 유명한 파라오들이 많단다.
어떤 사람들이 있는지 아이들이 한 명씩 조사했대. 한번 살펴볼까?

통일 왕국을 세운 최초의 파라오, 메네스

고대 이집트는 나일강 상류의 상이집트와 하류의 하이집트로 나뉘어 있었어. 메네스는 상이집트의 왕이었는데 하이집트를 정복해 이집트를 통일하고, 수도 멤피스를 건설했지. 메네스는 상이집트의 흰색 왕관과 하이집트의 붉은색 왕관을 합친 왕관을 사용하고, 파라오라고 불렸어. 메네스는 '나르메르'라고 불리기도 했단다.

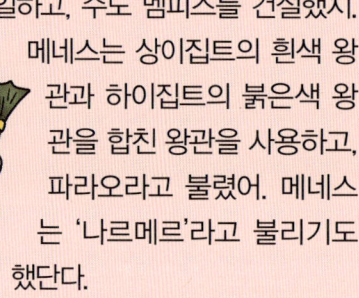

가장 큰 피라미드를 세운 파라오, 쿠푸

쿠푸는 이집트에서 가장 큰 피라미드의 주인공으로 유명해. 쿠푸는 수학과 천문학에 뛰어났고, 이집트 남쪽까지 군대를 보내 다스렸지. 하지만 이렇게 뛰어난 파라오의 모습을 남긴 조각상이 거의 남아 있지 않대. 그래서 그 이유로 백성을 가혹하게 부려서 그랬을 거라는 추측도 있지.

영토를 가장 크게 넓힌 파라오, 투트모세 3세

투트모세 3세는 영토 확장에 적극적이었어. 그래서 20년간 아시아에 17회, 누비아에 두 차례 원정을 떠나 광활한 영토와 방대한 전리품을 획득했지. 고대 이집트 역사에서는 유일하게 서아시아 유프라테스강 상류를 건너 미타니 왕국을 공격했고, 메소포타미아의 여러 도시로부터 조공을 받았어.

고대 이집트의 전성기를 이끈 파라오, 람세스 2세

람세스 2세는 이집트 역사에서 두 번째로 오랫동안 나라를 다스렸어. 어려서부터 전쟁터에 나가기를 좋아했지. 23살에 왕이 된 뒤 영토를 넓히고 백성을 잘 다스렸대. 화려한 신전을 짓고 도로도 닦았지. 그러다 철로 만든 무기를 가진 히타이트와 오랜 시간 동안 싸웠지만, 이기지 못하고 세계 최초의 평화 조약을 맺어 전쟁을 끝냈어.

투트모세 3세

클레오파트라 7세

여자 파라오이자 마지막 파라오, 클레오파트라 7세

'클레오파트라'라는 이름을 들어 본 적 있니? 프톨레마이오스 왕조에는 여러 명의 클레오파트라가 있었단다. 그중 가장 유명한 클레오파트라는 클레오파트라 7세야. 클레오파트라 7세는 당시 막강했던 로마 제국에 맞서 이집트를 지키기 위해 외교술을 펼쳤지. 클레오파트라 7세는 통역이 필요 없을 정도로 여러 나라 말을 자유롭게 사용할 줄 알았어. 굉장히 똑똑한 데다 매력이 넘쳐서 만나는 사람마다 금세 반해버렸대.

범인 찾기

아부심벨 신전 석상에 누가 페인트를 끼얹었었네!
범인을 추리할 수 있는 몇 가지 단서들을 보고 함께 범인을 맞혀보자!

<관광객의 사진에 찍힌 뒷모습>

<떨어뜨리고 간 소지품>
영어로 된 책을 보네~

<목격자 증언>
멀리서 봤을 때 선글라스를 쓰고 있었던 것 같았어요!

이름: 소피아
사용하는 언어: 프랑스어

이름: 에밀리
사용하는 언어: 영어

이름: 제시카
사용하는 언어: 영어

이름: 매튜
사용하는 언어: 영어

이름: 스티브
사용하는 언어: 영어

이름: 판빙빙
사용하는 언어: 중국어

왕수재, 열기구를 타고 룩소르를 내려다보다!

룩소르 → 열기구 타기 → 하트셉수트 신전 → 라메세움 → 장인들의 마을 → 룩소르 신전

오늘은 특별히 열기구를 타고 룩소르를 한 바퀴 돌아보기로 했어.
열기구에 올라타고 조금 기다리자 두둥실 떠오르기 시작했지.
으으~ 점점 높아지니까 조금 무섭긴 하네~

"룩소르는 나일강을 중심으로 서쪽과 동쪽으로 나뉜단다. 옛날에는 해가 뜨는 나일강 동쪽은 '산 자의 땅'이라고 해서 신전 등이 많았고, 해가 지는 서쪽은 '죽은 자의 땅'이라고 해서 제사와 관련된 유적지가 많았지."

지금도 나일강 동쪽에 사람들이 모여 산대. 오호~ 신기하다!

야호~

하트셉수트는 수염을 달고 남자 파라오 예복을 입었대!

이건 하트셉수트가 푼트 지역으로 보낸 원정대의 모습이래!

앗, 내가 얘기하려고 했는데!

📍 여성 파라오가 지은 하트셉수트 신전

룩소르 여행 첫 번째 장소는 하트셉수트 신전!

깎아지를 듯한 바위산 절벽 아래 반듯한 기둥이 줄지어 선 신전이 나타났어.

흠흠, 내가 조사한 바에 따르면 말이야~ 하트셉수트는 여성 파라오였어!

파라오 중에서도 많은 업적을 남긴 걸로 유명하지.

이 건물은 하트셉수트가 자신의 장례식과 제사를 위해 지은 거라고~

 하트셉수트는 어떤 업적이 있나요?

▶ 푼트 지역에 원정대를 보내 무역의 길을 열었어. 덕분에 이집트의 경제, 문화 발전에 큰 도움이 되었지. 또, 나일강이 범람하는 시기에 맞춰 열리는 '오페트 축제' 같은 국가 규모의 의례들을 정비하기도 했단다.

다음으로 간 곳은 람세스 2세의 신전 라메세움이야.

"또 람세스 2세예요?"

두기가 놀라서 커진 눈으로 물었어. 이번에도 내가 나서야겠군!

람세스 2세는 이집트 역사상 가장 강력한 파라오였다고 했지?

람세스 2세는 자신이 다스리던 시기에 어제 본 아부심벨 신전처럼 거대한 건축물을 이집트 곳곳에 세웠대. 자신의 업적을 후대에 알리기 위해서 말이야!

이 신전에는 꼭 봐야 할 부조*가 있다고! 나만 따라와!

*평평한 면에 글자나 그림을 도드라지게 새기는 것

67

파라오의 무덤을 만든 **장인들의 마을**

"이집트에는 파라오만 살았나 봐요~"

호호, 계속 파라오들을 위한 건물만 보니 그런가 보네.

"자, 여기는 파라오의 무덤을 만든 장인들이 살았던 마을이란다."

역시 용선생님! 우리가 궁금해할 걸 미리 아셨나 봐!

여기 살던 사람들은 주로 신전이나 무덤 공사에 참여했던 사람들이래.

목수, 조각가, 대장장이 같은 장인들과 그 가족들이 모여 살았지.

그래서 '장인들의 마을'이라고 불러.

여기에서 말이지. 고대 이집트인의 생활상을 알 수 있는 유물이 많이 발견되었거든~ 70채가 넘는 집들이 모여 있었는데, 대부분이 두세 개의 방과 부엌으로 구성돼 있었대.

엥? 다들 어디로 갔지?

고대 이집트 노동자들은 파업도 했다면서요?

▶ 파라오의 무덤을 건설하던 일꾼들이 임금을 받지 못하자 파업을 하고 시위를 벌였어. 100여 명의 일꾼들은 일반인의 출입이 금지된 신전에서 시위를 벌였고, 결국 임금을 준다는 약속을 받고 시위를 끝냈지.

신나게 돌아다니다 보니 벌써 저녁이 됐어.
하지만 오늘 신전 투어에서 꼭 봐야 할 곳이
남아 있지! 바로 룩소르 신전!
다른 애들은 또 신전이냐고 투덜대다가,
은은한 조명이 뿜어져 나오는 아름다운 건물을 보고
모두 좋아했어.
"선생님, 저 뾰족한 탑은 뭐예요?"
입구에 세워진 오벨리스크를 보고 하는 말이군~
오벨리스크는 고대 이집트에서
태양 숭배의 상징으로 세웠던 기념비라고!

프랑스 파리에 있는 오벨리스크

룩소르 신전은 누가 만들었어요?
▶ 룩소르 신전은 제18왕조 9대 파라오인 아멘호테프 3세가 짓기 시작했어. 뛰어난 외교술로 주변 국가와 좋은 관계를 유지하며 무역으로 엄청난 부자가 된 파라오지. 신전의 앞부분은 람세스 2세가 만들었단다.

용선생의 스페셜 가이드

그림으로 알아보는 이집트의 신

오늘 여러 신전에서 이집트 신화의 신들을 만났지? 이집트인들은 여러 신들을 모셨고, 죽은 후의 세계가 있다고 믿어서 장례를 가장 중요한 의식으로 만들었단다. 이 용선생이 이집트의 신들에 대해 친절하게 알려줄게!

라

태양의 신이자 신들의 왕이야. 고대 이집트 파라오의 권력을 상징하는 신이기도 해.

오시리스

재생과 부활의 신이자 이집트를 다스리는 신이야. 죽었다 다시 살아난 오시리스는 죽은 자들의 세계인 저승으로 가서 죽은 사람들을 재판하는 저승의 왕이 되었어.

세트

오시리스의 동생으로, '악의 신'으로 불려. 오시리스를 죽이고 왕위를 차지하려고 했으나 조카인 호루스에게 패배했지.

이시스

오시리스의 아내, 호루스의 어머니야. 이집트 최고의 여신이지.

아누비스

자칼의 머리에 인간의 몸을 가진 고대 이집트의 죽은 자들의 신이야. 미라를 썩지 않게 하는 미라 제작자이자, 죽은 자를 사후 세계로 안내하는 역할을 해.

호루스

오시리스의 맏아들이야. 매의 머리를 한 하늘의 신이자 파라오의 수호신이지.

토트

따오기의 머리를 한 정의와 지혜의 신이야. 문자를 쓸 수 있어서 신들의 세계에서 서기 역할을 담당했어.

사후 세계의 안내서, 사자의 서

고대 이집트 사람들은 죽은 뒤 영혼이 머무르는 저승을 중요하게 생각했어. 오시리스가 다스리는 죽은 자들의 세계에는 영혼과 함께 살아 있을 때의 육체가 있어야 들어갈 수 있다고 믿었어. 그래서 시신이 썩지 않게 미라를 만들었지. 그리고 미라와 함께 죽은 자들의 세상에 대해 알려주는 '사자의 서'라는 파피루스 안내책을 함께 넣었어. **사자의 서를 보면 죽은 사람이 살아온 삶에 대해 심판을 받는 과정이 그림으로 나와.** 함께 살펴보자~

죽음의 신 아누비스
죽은 사람을 안내하고 있어.

심판의 저울
심장의 무게를 달아 죽은 사람이 살아서 지은 죄를 재는 저울이야. 심장이 깃털보다 무거우면 이승에서 많은 죄를 지었다고 생각해.

토트
저승의 서기관으로 심판 과정을 꼼꼼히 기록해.

호루스
심판 과정을 감독해.

죽은 사람의 심장
심장은 양심을 상징해.

암무트
심판의 저울 옆에서 기다리고 있다가 깃털보다 무거운 심장을 꿀꺽 삼켜 버려. 그러면 다시는 부활할 수 없지.

정의의 신 마트의 깃털

오시리스
오른손에는 힘과 능력을 상징하는 지팡이를, 왼손에는 생명을 상징하는 도리깨를 쥐고 있어. 관문을 무사히 통과한 영혼은 오시리스 앞으로 가서 영원한 생명을 받아.

미로 탈출

룩소르 신전에서 나오는 길을 찾고 있어.
누가 선택한 길이 맞는 길일까? 함께 찾아줘!

출구

곽두기, 왕들의 계곡에서 미라를 만나다?!

룩소르

왕들의 계곡 ▶ 카르나크 신전

파라오의 무덤이 모여 있는 왕들의 계곡

"여기가 어디예요?"

우리는 황량한 바위산으로 둘러싸인 곳에 도착했어. 주변을 두리번거리며 궁금해하자 선생님께서 여기가 '왕들의 계곡'이라고 알려주셨지.

"왕들의 계곡이요? 왕이 여기 살았어요?"

땅 위에 멋있게 피라미드를 짓고 무덤을 만드니까 도굴꾼들이 몰래 와서 보물을 다 훔쳐가 버렸대. 그래서 투트모세 1세는 사람들이 접근하기 힘든 계곡을 골라 그곳 지하에 비밀스럽게 자신의 무덤을 만들었지. 그 뒤로 수많은 파라오의 무덤이 그곳에 만들어져서 '왕들의 계곡'이라고 부른대.

그런데 보물을 도둑맞지 않으려고 애를 썼는데도 결국 다 도굴당하고 말았다지 뭐야!

얼마나 힘들게 만들었는데, 결국 다 털려버렸네~ 흑흑!

투트모세 1세

여기서 무덤 65개가 발견됐단다. 파라오의 미라도 발견됐지!

미라요? 우와~

우리가 들어갈 세티 1세 무덤은 여기서 가장 크대요!

내부는 어떤 모습이에요?

▶ 무덤 내부는 모두 비슷해. 계단과 경사로를 따라 내려가면 종교 의식에 사용되는 도구를 넣어둔 방, 관을 넣어둔 방 등으로 구성되어 있지.

세티 1세 무덤 안에서…

두기와 알아보는 미라 만드는 법

1. 시신에서 장기 꺼내기

"장기는 꺼내서"
"항아리에 조심히 담지."

2. 시신 건조시키기

"소다석으로 40일 동안 덮어서 수분을 제거하지."
"그러면 시신이 썩지 않지."

3. 붕대로 감기

"바짝 마른 시신을 붕대로 칭칭 감아."
"붕대를 한 겹 감을 때마다 주문을 외우며 부적을 끼워 넣지."

4. 관에 넣기

"완성된 미라에 살아 있을 때와 닮은 가면을 씌우고"
"관 뚜껑을 닫으면 끝!"

"얘들아, 왕들의 계곡에서 온전한 형태로 발견된 무덤도 있단다."

오의! 그 무덤은 바로 투탕카멘의 무덤인데, 엄청나게 큰 무덤 사이에 있어서 사람들 눈에 잘 띄지 않았대.

1922년에 와서야 영국인 고고학자 하워드 카터가 이 무덤을 찾아냈지. 무덤 안에는 황금으로 된 관과 황금 가면, 갖가지 장신구가 발견되었는데, 보존 상태가 엄청 좋았대! 카터 아저씨 정말 기뻤겠는걸!

투탕카멘 사당의 문을 여는 하워드 카터

우아, 반짝반짝 보물 창고네!

투탕카멘 무덤 발굴 당시 모습

이 무덤은 몇 겹으로 쌓인 관과 미라가 있는 묘실, 보물로 가득한 대기실, 보물 창고, 곁방으로 구성되어 있었단다.

카이로의 박물관에서 본 가면이 여기 있었구나!

투탕카멘이 누구예요?

▶ 투탕카멘은 아홉 살에 왕이 된 후 겨우 9년간 이집트를 다스렸어. 하지만 투탕카멘의 무덤만이 온전한 형태로 발견되자 세계에서 가장 유명한 파라오가 되었지.

내가 만든 이집트 지도

스티커를 붙여서 너만의 지도를 만들어 봐!

지중해 / 시리아 / 이스라엘 / 요르단 / 사우디아라비아 / 홍해 / 리비아

알렉산드리아 / **시나이반도** / **카이로** / 기자 / **바하리야사막** / **룩소르** / **아스완** / **아부심벨**

- 세계 최대 도서관이었던 고대 알렉산드리아 도서관 자리에 세운 도서관
- 이집트를 상징하는 거대한 피라미드와 피라미드를 지키는 조각상
- 모세가 신으로부터 십계명을 받았다고 알려진 성스러운 산
- 이집트를 관통하는 세계에서 가장 긴 강
- 하트셉수트가 자신의 장례식과 제사를 위해 지은 신전
- 바위산을 깎아서 만든 람세스 2세의 신전
- 왕들의 계곡에서 유일하게 온전한 형태로 발견된 무덤의 주인

국기 스티커를 붙여 봐!

세계 지도에서 이집트 찾기!

북아메리카 / 유럽 / 아시아 / 아프리카 / 남아메리카

내가 만든 이집트 지도

★ 알맞은 자리에 스티커를 붙이세요.

알렉산드리아 도서관

하트셉수트 신전

투탕카멘

기자의 대 피라미드와 스핑크스

시나이산

아부심벨 신전

나일강

★ 스티커를 자유롭게 붙여 보세요!

《용선생이 간다》 이집트

꼬르륵! 어느덧 점심시간이 됐어. 우리는 야외 정원이 아름다운 식당에 갔지. **산들산들** 바람이 부는 나무 그늘 아래에서 점심을 먹으니 너무 행복하더라고! 그 식당이 있는 호텔은 옛날에 고고학자들이 숙소로 사용했던 곳이래!

"아 선생님~ 삼겹살 먹고 싶어요!!"

하다 형이 간절하게 돼지고기를 원했어. 하지만 이슬람교를 믿는 사람이 많은 이집트에서는 돼지고기 메뉴를 찾기 어렵대. 며칠만 더 참자~

투탕카멘의 내장을 담은 작은 관

투탕카멘의 황금 의자

가슴 장식

이슬람교를 믿는 사람들은 돼지고기를 안 먹어요?

▶ 이슬람교에서는 돼지고기를 먹는 걸 금지하고 있어. 돼지를 불결한 짐승으로 여겼거든. 그 밖에 다른 고기도 이슬람 율법에서 정한 방식으로 도축한 고기만 먹을 수 있지.

이집트 최대 신전 카르나크 신전

오늘의 마지막 여행지는 카르나크 신전!
이집트 최고 신인 '아멘'이 모셔진 신전이지. 이집트에 있는 신전 중에 가장 크대. 원래는 이 정도로 큰 신전은 아니었는데 파라오들이 계속해서 새로운 건물들을 추가로 지어서 거대한 신전 단지가 된 거였어.

옛날 카르나크 신전을 상상한 모습이란다.

우아~ 엄청 거대했네요~

"우아, 다 돌아보려면 다리 아플 것 같아요."

양 머리를 한 스핑크스가 맞이하는 입구를 지나 신전 안으로 들어갔어.

신전의 이곳저곳을 돌아보며 가장 안쪽까지 걸어갔지.

"옛날에 파라오들은 여기에서 아멘 신에게 제사를 지냈단다."

오호! 제사 모습은 어땠을까?

선생님 얼른 알려주세요~

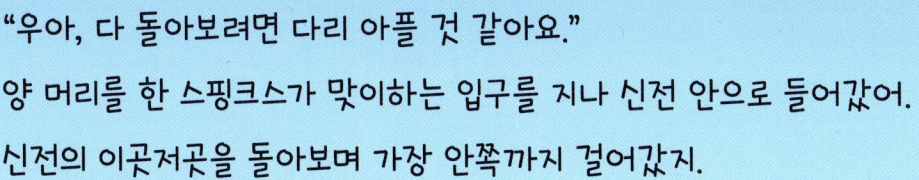

양 머리 스핑크스

제사가 아니라 축제 같은데요?

우아, 이런 기둥이 100개가 넘는다니~

흐흐, 맞아. 오페트 축제라고 해. 나일강이 범람하는 시기에 파라오가 아멘 신에게 제사를 드리는 축제지.

지금은 이렇게 색이 흐려졌지만 원래는 기둥마다 람세스 2세의 업적과 이집트 신화가 화려한 색깔의 그림 문자로 기록돼 있었대.

 용선생의 스페셜 가이드

이집트의 주요 종교 이슬람교 알아보기

벌써 이집트 여행을 한 지 7일이 지났어! 이집트 곳곳을 여행하면서 이슬람교의 영향을 느낄 수 있었을 거야. 하지만 이슬람교가 어떤 종교인지 낯설다고? 선생님이 이슬람교를 믿는 소녀 아스마한과 함께 이슬람교에 대해 친절하게 알려줄게!

이슬람교는 어떤 종교야?

이슬람교는 크리스트교, 불교와 함께 **세계 3대 종교로 꼽히는 종교**야. 전 세계적으로 15억 명이 넘는 사람이 이슬람교를 믿고, 지금도 그 수가 빠르게 늘어나고 있지.

이슬람교는 610년에 아라비아반도의 메카에서 상인 출신 무함마드가 천사의 계시를 받고 만든 종교야. 유일한 신인 알라를 믿고, 알라의 계시를 모은 경전 쿠란의 가르침을 따르지. 이슬람교는 생긴 지 10여 년 만에 아라비아반도 전체를 장악하고, 서아시아로 세력을 넓혔어. 그러다 우마이야 왕조 때 전성기를 맞이했지.

이집트는 천 년 넘게 이슬람 제국의 지배를 받았다고?

640년 이슬람 군대가 이집트를 정복했어. 그 이후로 이슬람 총독이 이집트를 줄곧 지배하지. 이 시기에 많은 콥트 교도들이 이슬람교로 개종하고, 콥트어 대신 아랍어를 쓰게 됐어. 이슬람 제국 파티마 왕조 시기에는 수도를 카이로로 옮겼어. 이후 아이유브, 맘루크 왕조, 오스만 제국의 지배를 받으며 이슬람 국가로 성장했지.

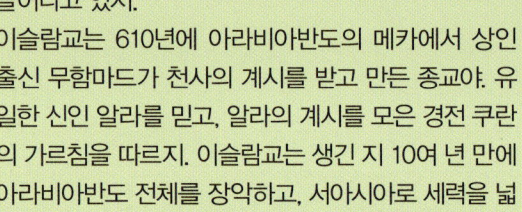

파티마 왕조 시대에 지어진 카이로의 성벽

이슬람교를 믿는 사람들이 먹는 특별한 음식이 있어?

이슬람교 신자들은 **할랄 푸드**만 먹거나 할랄 인증이 붙은 식당만을 이용해. 할랄 푸드란 이슬람 종교법에서 인정한 식재료들만 사용해서 만든 음식이지. 돼지고기는 먹지 않고 소나 양고기를 주로 먹는데, 도축하는 방식에 있어서도 짐승을 죽일 때 날카로운 칼로 단번에 고통 없이 죽여야 하고, 짐승을 도축한 후 피를 제거해야 한대.

신의 모습은 그림으로 그리면 안 된다고요?

이슬람교에서는 신의 모습을 조각이나 그림으로 그리지 않고, 무함마드 같은 예언자의 얼굴을 그리는 것도 금지되어 있어. 그래서 이슬람 세계에서는 회화나 조각 같은 미술이 발달하지 못했지. 대신, 문자나 식물 등의 무늬를 화려하게 조합해 만든 무늬 장식인 **'아라베스크'**가 있단다. 아라베스크는 그 아름다움과 예술성을 인정받아 오늘날에는 전 세계로 뻗어 나갔어. 의류, 카펫, 도자기 등 다양한 물건의 장식으로 쓰이고 있단다.

아라베스크로 장식된 모스크 천장

이슬람교를 믿는 사람들이 꼭 지켜야 할 일은 뭐야?

이슬람교 신자들은 꼭 지켜야 하는 의무 다섯 가지가 있어.

첫 번째! 알라 이외에 다른 신은 없으며 무함마드는 알라의 예언자임을 입으로 외워야 해.
두 번째! 하루에 다섯 번, 정해진 시간에 메카를 향해 기도해야 해.
세 번째! 자기가 가진 재산이나 수입의 일부를 가난한 사람들을 위해 내놓아야 해.
네 번째! 이슬람교 달력으로 아홉 번째 되는 달에는 한 달 내내 해가 뜰 때부터 질 때까지 음식을 먹지 않아야 해. 이 기간을 '라마단'이라고 하지.
다섯 번째! 경제적, 신체적으로 능력이 있는 이슬람교도라면 일생에 한 번은 성지 메카를 순례해야 해.

사우디아라비아의 메카에 있는 카바 신전

빈칸 채우기

두기가 오늘 여행을 마치고 그림 일기를 썼어.
그런데 수프 국물이 흘러서 글자가 지워져 버렸네.
지워진 부분에 어떤 글자가 들어가야 하는지 직접 써 보자!

제목: 룩소르 여행 두 번째 날						20XX년 0월 0일				날씨: ☀			

	오	늘	은		룩	소	르		여	행		이	틀	째	다	.		가	장
먼	저		간		곳	은		파	라	오	의		무	덤	이		모	여	
있	는		○	○	○		○	○	!	황	량	한		바	위	산	인		줄
	알	았	는	데		지	하	는		매	우		화	려	했	다	.	그	런
데	하	다		형	어		○	○	로		분	장	해		나	를		깜	짝
	놀	래	켰	다	.	어	휴	!	그	리	고		온	전	하	게		발	굴
된	○	○	○	○	의		무	덤	도		구	경	했	다	.	점	심	을	
먹	고		이	집	트	에	서		가	장		큰		신	전	인		○	○
○	○		신	전	에		갔	다	.	옛	날	에	는		축	제	도		열
렸	던		중	요	한		곳	이	었	다	.	일	기	끝	!				

장하다, 성스러운 산에 오르다!

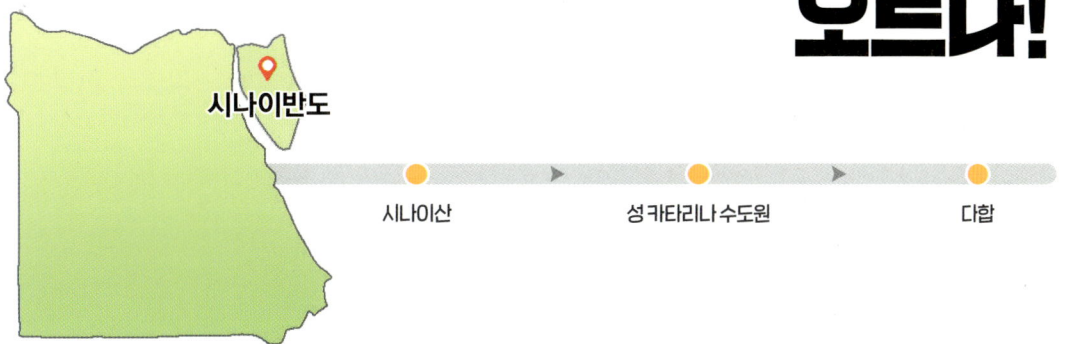

시나이반도 → 시나이산 → 성 카타리나 수도원 → 다합

성스러운 시나이산

우리는 시나이반도에 왔어.

시나이반도는 아프리카와 아시아를 연결하는 삼각형의 반도* 야.

가장 먼저 향한 곳은 바로 시나이산!

다들 해 뜨기 전부터 등산이냐며 투덜거리더라고~

선생님을 따라 열심히 올라갔는데, 풀 한 포기 없는 험하고 거친 산이었어.

*육지로 연결되어 있으면서 삼면이 바다로 둘러싸인 땅

이집트 여행 무사히 마무리할 수 있게….

힘들게 올라올 만한 풍경이네요~

선생님, 저기 아래에 컵라면 파는 데 있대요!

시나이반도는 어떤 곳이에요? ▶ 시나이반도는 옛날부터 아프리카와 아시아를 연결하는 교통로로써 중요한 지역이었어. 그리고 시나이산은 크리스트교, 이슬람교, 유대교의 성지이기도 하지.

84

헥헥, 3시간이 넘게 척박한 바위산을 걸어 올라가니 정상에 도착!

"와~ 이른 시간인데도 사람이 많네요?!"

주변을 둘러보니 많은 사람들이 기도를 하고 있었어.

"시나이산 정상은 성경에서 모세가 신으로부터 십계명을 받은 곳으로 알려져 있단다. 그래서 크리스트교에서는 성지로 유명하지."

오호! 엄청 성스러운 산이었네! 듣고 보니 왜인지 달라 보이는데?

십계명이 뭐예요? ▶ 십계명은 신이 모세를 통해 이스라엘 백성들에게 알렸다는 열 가지 가르침을 말해. 모세는 이스라엘 노예들을 이집트에서 탈출시킨 이스라엘의 종교적 지도자이자 민족적 영웅이야.

성 카타리나 수도원

"시나이산에는 엄청 유명한 곳이 있단다!"

산에서 거의 다 내려왔을 때쯤 선생님께서 말씀하셨어. 우리는 추위와 등산으로 힘들었지만… 그래도 유명하다니 어떤 곳인지 궁금하네! 그곳은 바로 약 1,500년 전에 세워진 **성 카타리나 수도원**이었어. 지금까지도 수도원으로 쓰이는 **가장 오래된 수도원**이래!

그리스어, 시리아어, 콥트어, 아랍어 등으로 옮겨 쓴 사본이 3,000여 점에 달한대요!

이게 바로 수도원의 가장 큰 자산! 초기 크리스트교의 성경 사본이야!

우아~ 1,500년이 넘은 그림인데도 엄청 선명하네~

이 작품이 바로 세계에서 가장 오래된 목판 성화 〈그리스도〉야.

우리는 높은 성벽에 둘러싸인 수도원 이곳저곳을 천천히 둘러봤지.
"이 수도원에서 세계에서 가장 오래된 성경 사본*이 발견됐다는데요?"
정보를 찾아보던 수재가 큰 소리로 얘기했어. 왕수재, 쉿 목소리 좀 낮춰~
그 성경은 '시나이 사본'이라고 불리는데, 1,700년 전에 그리스어로 쓰인 거래!
아쉽게도 실제로 볼 수는 없었지만, 그렇게 오래된 성경이 발견된 곳이라니 더욱 신비롭게 느껴졌지.

* 원본을 그대로 베낀 책이나 서류

성 카타리나 수도원에서

저 나무가 특별해요?

저 나무는 하느님이 인간에게 처음 모습을 드러낼 때 사용한 상징적인 나무거든~

모세야~ 모세야~

모세가 시나이산에서 불이 붙은 떨기나무를 발견했는데, 불에 타고 있는데도 나무가 멀쩡했대. 바로 그 나무에서 하느님의 목소리가 들려온 거지.

세계적인 관광지 다합

시나이반도 남동쪽의 관광 도시, 다합에 도착!

다합은 원래 홍해에 맞닿아 있는 작은 어촌 마을이었는데,

물이 깨끗하고 산호초가 아름다워서 세계적인 관광지가 되었대.

그래서인지 여러 나라에서 온 관광객들로 도시가 와글와글 붐볐지.

바다를 보니 가슴이 뻥 뚫리네! 자, 이제 바다를 즐겨볼까?

홍해가 어디예요? ▶ 홍해는 아프리카 대륙과 아라비아반도 사이에 있는 좁고 긴 바다야. 바닷속에 있는 해조 때문에 물이 붉은빛을 띠는 일이 있어서 붉은 바다라는 뜻의 '홍해(紅海)'라 불리지.

"저는 스쿠버다이빙 배울래요!"

"저는 윈드서핑이요!!"

나는 선애랑 같이 스쿠버다이빙을 배웠어.

산소통을 메고 푸른 바닷속으로 풍덩!

알록달록한 물고기들이 내 주변에서 헤엄치니까 너무 신나더라!

어른 되면 스쿠버다이빙 자격증 따러 꼭 다시 와야지!

용선생의 스페셜 가이드

이집트의 중요한 자산, 수에즈 운하

오늘 둘러본 시나이반도와 아프리카 대륙 사이에는 수에즈 운하가 있어. 수에즈 운하는 최초로 바다와 바다를 연결한 운하인데, 이집트를 비롯해 전 세계 무역에 중요한 역할을 하고 있지. 수에즈 운하에 대해서 속속들이 알아 보자!

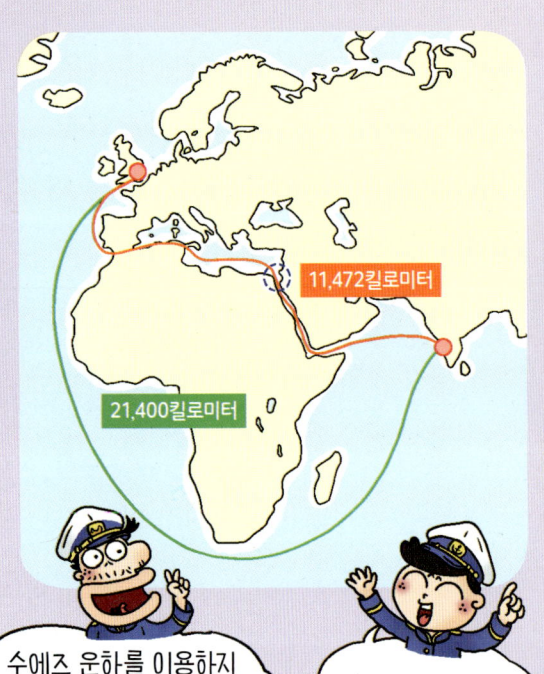

▲ 하늘에서 본 수에즈 운하

여기를 통과하는 데 배 한 척당 1억 원에서 3억 원 정도를 내야 한대!

수에즈 운하는 무엇일까?

수에즈 운하는 아프리카 대륙과 시나이반도 사이를 가로질러 지중해와 홍해를 연결하는 운하야. 이곳을 통하면 유럽의 배들이 아프리카를 돌지 않고 아시아로 바로 갈 수 있어서 지름길인 셈이지. 운하 길이가 약 192킬로미터인데 이집트는 이곳을 지나는 배로부터 많은 통행료를 받아. **이집트의 주요 수입원**인 만큼 많은 돈을 벌어들인단다.

수에즈 운하를 이용하지 않고 영국에서 인도까지 가려면 아프리카 남쪽으로 돌아서 가야 해. 그러면 수에즈 운하를 이용하는 것보다 2주 정도 더 걸리지.

수에즈 운하는 배로 통과하면 15시간 정도 걸린대요!

운하는 언제 생겼을까?

운하를 만드는 건 쉽지 않았어. 지중해와 홍해의 깊이가 10미터나 차이 났고, 사막의 땅을 파내기도 어려웠거든. 결국 돈과 기술이 필요했던 이집트는 프랑스에게 수에즈 운하를 건설하고 운영하도록 허락하면서 1859년 본격적으로 건설이 시작되었어. 하지만 운하 건설은 여전히 쉽지 않았지. 공사 기간 동안 10만 명이 넘는 사람들이 사고나 질병으로 목숨을 잃었단다. 그러다 마침내 1869년 11월 세계 각국의 지도자가 초대된 가운데 수에즈 운하를 개통했어.

▲ 1869년 수에즈 운하 개통식 모습

수에즈 운하를 두고 벌어진 전쟁

이집트 초대 대통령 나세르는 1956년 수에즈 운하가 이집트 것이라 선언했어. 그러자 운하 운영을 주도했던 영국과 프랑스는, 이집트와 영토 싸움을 하던 이스라엘을 자기 편으로 만들어 전쟁을 벌였지. 이집트는 물러서지 않았고, 전쟁이 계속되자 국제연합(UN)이 끼어들었어. 미국을 비롯한 유엔과 소련, 중립국 등 여러 나라가 즉시 전쟁을 멈추라고 압력을 넣었지. 결국 영국, 프랑스, 이스라엘은 전쟁을 끝내고 모두 이집트를 떠났어. 그래서 수에즈 운하는 이집트 차지가 되었단다.

▲ 폭격을 맞아 불타는 수에즈 운하

수에즈 운하의 도시, 수에즈

수에즈 운하 주변에는 여러 도시들이 있어. 그중 수에즈는 오래전부터 홍해와 나일강을 잇는 교통의 요지였는데, 수에즈 운하 개통 후 운하의 남쪽 입구가 되면서 공업 도시로 크게 발전했지. 수에즈 앞에는 좁고 긴 수에즈만이 있는데, 이곳에서 유전이 발달하면서 석유 생산지가 됐거든.

▲ 수에즈 풍경

만약에 수에즈 운하가 막힌다면?

바닷길이 막힐 수도 있냐고? 당연하지! 2021년 3월 23일 초대형 컨테이너선이 수에즈 운하 중간에서 좌초됐어. 배를 구조하려고 여러 노력을 했지만 쉽지 않았고, 그 결과 운하의 양방향 통행이 일주일 넘게 막혀서 엄청난 피해가 발생했지. 원유를 운반하는 배의 통행이 늦어지자 기름값까지 올랐다지 뭐야!

▲ 운하를 막고 있는 배를 재현한 모습

이 사고로 하루에 150억 원 이상의 손해를 봤대!

숨은 인물 찾기

다합 바닷가에서 신나게 놀다가 저녁을 먹으러 가는데,
다들 뿔뿔이 흩어졌어. 관광객들 사이에 숨어 있는 용선생과 아이들을 찾아줘!

9일

나선애, 이집트 사막에서 보드를 타다!

바하리야 사막

샌딩 보드 타기 ▶ 흑사막, 백사막 ▶ 크리스털 사막 ▶ 오아시스 마을

국토의 대부분이 **사막**인 이집트

"얘들아, 이집트는 국토의 대부분이 뭐라고 했지?"

에이~ 선생님! 저희가 그것도 모를까 봐요!

바로 사막이죠! 오늘은 손꼽아 기다리던 **바하리야 사막**을 투어하는 날!

사막에서는 강한 햇빛과 모래바람을 피하기 위해 온몸을 감싸는 헐렁한 옷을 입어야 한대. 그리고 일교차가 크기 때문에 얇은 옷을 여러 벌 겹쳐 입는 게 좋지.

"선생님~ 저희도 저거 타 보고 싶어요!"

차에서 내리자마자 눈에 띈 건 멀리 사막 언덕에서 보드를 타는 사람들이었어! 우리가 조르니까 선생님께서 못 이기는 척 **샌딩 보드**를 타게 해 주셨지.

모래에 발이 푹푹 빠져서 올라가는 건 무척 힘들었지만, 모래 위를 미끄러지듯이 쌩 하고 내려오니 엄청 신나더라고! 야호~

사막에서 조심해야 할 점이 있나요? ▶ 봄철에는 '캄신'이라는 무시무시한 모래 폭풍이 불어와. 심할 때는 몇 미터 앞도 보이지 않을 정도래.

까맣고, 하얗고, 반짝이는 **바하리야 사막**

"어머! 여기 불이 났었나 봐요! 온통 새까매요!"

영심이 말처럼 사방이 온통 까맸어.

"여기는 검은 사막이란다. 아주 오래전에 화산이 폭발하면서 쌓인 화산재가 그대로 굳어서 사막이 되었지."

신기한 풍경을 배경으로 사진을 찍고 다시 차에 올라 한참을 달렸어.

"여기는 하얀 사막! 원래는 바다였는데, 물이 빠지면서 바닷속 암석들이 남아 사막이 되었단다."

우아! 눈이 내린 것처럼 하얀 사막이라니! 알고 보니 하얀 가루들은 조개 껍질의 석회질 성분이래. 나는 사막은 다 황토색인 줄 알았는데 그게 아니었네!

사막이 불에 다 탄 것 같아요~

하하, 이 화산재에 함유된 철광석은 이집트의 주요 자원이기도 해.

이 바위가 바로 하얀 사막에서 가장 유명한 버섯 바위!

오! 진짜네! 버섯구이 먹고 싶다~

하얀 사막은 위에서 보니까 눈 덮인 산 같아!

선생님께서 아직 놀랄 곳이 더 있다고 재촉하셨어.

아이참! 검고, 하얀 사막보다 더 신기한 게 뭐가 있담~

그런데 정말 선생님 말대로 깜짝 놀랄 만한 풍경이 펼쳐졌어.

모래로 뒤덮인 사막 한가운데에 크리스털*로 이루어진 산이 있더라고!

*색이 없고 투명한 광물질

가까이 가 보니 반짝반짝 크리스털이 사방에 널려 있었어.

기념품으로 집에 가져가고 싶었지만,

자연 보호를 위해서 그러면 안 되겠지?

바하리야 오아시스 마을

어휴, 쉴 새 없이 여러 사막을 돌아다녔더니 피곤하네.
우리는 오아시스*가 있는 마을에서 하룻밤 묵기로 했어.
* 사막 가운데에 샘이 솟고 풀과 나무가 자라는 곳
이 마을은 사막에서 유목 생활을 하던 베두인*이 정착해 만든 마을인데,
* 옛날부터 사막 등 건조한 지역에 살며 유목 생활을 하는 사람들
베두인의 문화를 지키며 살아가고 있대.
그래서 전통 진흙 벽돌집도 남아 있더라고!

오아시스는 어떻게 만들어져요? ▶ 모래층 아래 고여 있는 풍부한 지하수가 땅속 벌어진 틈으로 스며 올라와서 생기는 거야.

우리는 배가 고파서 간식을 사 먹기로 했어.

"우앗! 이거 뭐예요? 엄청 달아요!"

장하다 호들갑 떨기는! 하다 말처럼 말린 대추야자 열매는 꿀보다 달콤했어. 대추야자는 이집트가 원산지인데 영양분도 풍부해서 옛날부터 많이 먹던 과일이래.

야아~ 장하다 내 것도 남겨 줘!

말린 대추야자 열매

대추야자는 열매만 먹어요? ▶ 대추야자 나무는 경제적으로도 중요한 나무야. 줄기에서는 목재를 얻고, 잎으로는 바구니를 만들거나 연료로 쓴대. 그 외에도 밧줄을 만들기도 하고, 요리에도 사용하지.

용선생의 스페셜 가이드

전통을 지키며 살아가는 이집트인

이집트에는 바하리야 오아시스 마을의 사람들처럼 전통적인 방식으로 생활하고 있는 사람들이 있어. 이집트의 전통 생활 방식이 궁금하지 않니? 아이들과 함께 자세히 알아보자!

진흙 벽돌로 집을 만들었다고?

나일강 강가에서는 지붕이 평평하고 창문이 작은 집들을 볼 수 있어. 집을 짓는 재료들은 모두 나일강에서 구한 거래. 나일강 상류에서 떠내려온 진흙으로 벽돌을 만들어 벽을 쌓았거든. 벽에는 그림이 그려져 있었는데, 비가 거의 오지 않아서 지워질 염려가 없대. 그리고 사막에서 불어오는 모래 바람을 막기 위해 창문은 작게 만들었지.

▲ 나일강 강가에 있는 진흙 벽돌집

이집트에서는 남자들도 원피스를 입는다?

이집트는 건조하고 더운 기후야. 그래서 기후에 맞게 바람이 잘 통하는 천을 원피스 형태로 헐렁하게 입는대. 옷자락의 폭이 넓어서 통풍이 잘되고 시원하지. 길이는 발목까지 내려오는데, 덥지만 햇빛이 강해서 피부를 보호하기 위해서래. 이런 옷을 '갈라비아'라고 불러.

▲ 갈라비아를 입고 악기 연주를 하는 이집트 사람들

이집트 사람들은 이렇게 해!
우리나라와 다른 이집트 생활 예절이 몇 가지 있어. 어떤 것들이 있는지 알아볼까?

미션 해결 — 지금 여행지에서는?

다른 그림 찾기

사막 언덕에서 보드를 타고 나서 기념사진을 찍었어.
사진을 두 장 찍었는데, 달라진 게 있네? 모두 아홉 군데야. 함께 찾아볼까?

허영심, 알렉산드리아의 노을에 반하다!

알렉산드리아 도서관 ▶ 로마 원형극장 ▶ 콤 엘 쇼카파 카타콤 ▶ 카이트 베이 요새

이집트 안녕~!

이집트 제2의 도시 알렉산드리아

이집트 여행 마지막 날, 우리는 카이로 다음으로 큰 도시 알렉산드리아에 왔어.
"마케도니아의 알렉산드로스 대왕이 약 2,300년 전에 이집트를 점령한 뒤 자기 이름을 따서 세운 도시란다. 한때 이집트의 수도이기도 했지."
헤엑! 여기도 엄청 오래된 도시구나!

옛날 알렉산드리아 도서관에는 책이 얼마나 있었을까요?

당시 지도자가 지구에 있는 모든 민족의 책을 모으라고 명령해서 엄청나게 많은 책이 있었대.

그리스를 비롯한 유럽, 북아프리카 지역, 인도의 책들까지 방대한 자료가 있었는데, 요즘 책 분량으로 치면 수십만 권 분량이래!

도서관 외벽에는 전 세계의 다양한 문자가 장식돼 있는데, 한글도 있대요!

앗! 저기 있다! 한글!!

알렉산드리아는 어떤 도시예요?
▶ 이집트 북부에 있는 이집트 제2의 도시야. 지중해 근처에 있는 항구 도시라서 옛날부터 무역이 활발했어.

시원한 바닷바람을 맞으며 걸어가는데 멀리 특이하게 생긴 건물이 보였어.

"저기는 뭐 하는 곳이에요?"

두기가 가리키는 곳에는 회색빛의 큰 바위가 있었지.

"여기는 알렉산드리아 도서관이야. 옛날에 알렉산드리아에 세계 최대의 도서관이 있었는데, 그 도서관이 있던 자리와 가까운 곳에 새롭게 지은 거지."

아하~ 엄청 대단한 도서관이었나 보네!

고대 알렉산드리아 도서관

또 새로운 책이 들어왔다고? 끝이 없네~

바쁘다 바빠~

알렉산드로스 대왕이 누구예요?

▶ 그리스, 페르시아, 인도에 이르는 대제국을 건설하고, 정복한 곳에 여러 도시를 세웠어. 알렉산드로스 대왕 덕분에 그리스 문화에 아시아의 문화를 더해 생겨난 헬레니즘 문화도 꽃피웠지.

로마 제국의 흔적이 남은 알렉산드리아

"자, 이번에는 로마 제국의 흔적을 만나러 가볼까?"

엥? 선생님, 여기는 이집트예요! 갑자기 로마라뇨?

"호호, 유럽과 가까운 알렉산드리아는 그리스와 로마 등 유럽 문화의 영향을 많이 받았단다. 한때는 로마 제국이 이집트를 다스리기도 했지."

아하, 그래서 로마 시대 유적지가 남아 있는 거구나!

유적지 입구에 들어가자 가장 먼저 넓은 원형극장이 보였어. 여기가 이집트에서 유일한 로마 스타일의 원형극장이래. 800명이나 앉을 수 있는 큰 규모였지. 극장 말고도 목욕 시설, 주택 등 로마 사람들의 흔적을 둘러볼 수 있었어.

언제 로마 제국이 이집트를 다스렸어요?
▶ 기원전 30년, 로마 황제가 된 옥타비아누스(아우구스투스)가 이집트를 정복했어. 이집트는 로마의 식량 공급 기지, 로마와 인도 사이의 중계 무역 장소 역할을 했지.

거대한 지하 무덤 콤 엘 쇼카파 카타콤

"이번에는 조금 으스스한 곳에 가볼 거야!"

아직 해도 안 졌는데 으스스한 곳이라니?

선생님은 우리를 지하로 이끄셨어. 꼬불꼬불하고 좁은 계단을 내려가니 서늘한 기운이 확 느껴졌지.

여기가 어딘가 했더니, 지하 무덤이래!

고대 이집트의 신 아누비스의 머리야.

로마 사람처럼 옷을 입고 있어.

이 무덤에는 이렇게 고대 이집트와 로마 문화가 섞여 있는 조각들이 많아.

사람은 계단을 이용하고, 관은 가운데 난 통로로 내렸대~

아~ 여기가 관을 넣는 구멍이구나~

어? 선생님이 아니잖아? 얘들아~ 선생님~

원형 홀

수직 통로와 계단

응접실

108

"2천 년 전쯤에 로마 귀족의 가족 납골당으로 만들어졌는데, 이후 규모가 커지면서 공동 묘지로 사용됐단다."
오호! 그렇구나! 지하로 층이 세 개나 있었는데, 가장 깊은 곳은 30미터가 넘는다더라고~ 꽤 깊다! 그런데 다들 어디 간 거지?
선생님~ 얘들아~

무덤 입구

지하 무덤 단면도

이곳을 지나던 당나귀 마차가 구멍에 빠져서 우연히 발견된 거래요!

꼬불꼬불 미로 같네! 다들 어디로 간 거야~

무덤

와~ 여기는 나름 넓네요? 뭐 하던 데예요?

여기는 장례를 마친 가족들이 만찬을 즐기던 곳이래!

여기는 관과 제단이 있는 곳이란다.

우아~ 땅속에 이런 곳을 만들다니…

📍 카이트 베이 요새

흑, 벌써 이집트 여행의 마지막 여행지야.
우리는 경치가 멋진 곳에서 여행을 마무리하기로 했지.
그래서 선택한 곳은 **카이트 베이 요새**[*]!
※ 군사적으로 중요한 곳에 튼튼하게 만들어 놓은 방어 시설
요새의 높은 곳에 올라가면 알렉산드리아 전경을 감상할 수 있대!
선생님께서 요새 안을 산책하면서, 요새에 대해 설명해 주셨어.

- 바닷바람 맞으니까 좋다~
- 킁킁, 바다 냄새 맡으니까 해산물 요리 먹고 싶어요!
- 흐흐, 돌아가기 전에 먹고 싶은 거 다 먹자~
- 아직 이집트에 못 가본 곳이 많은데~ 아쉽다~

❓ '파로스 등대'가 뭐예요?
▶ 기원전 280년 무렵에 세워진 세계 최초의 등대야. 바다에 불빛을 비추어 배들이 길을 잃지 않게 하는 역할을 했지. '세계 7대 불가사의'에 속하기도 해.

알렉산드리아는 바다 건너 유럽의 침략을 막는 게 중요했어.
그래서 1400년대에 이집트의 왕이 이 지역에 요새를 건설한 거지.
게다가 요새가 있는 자리는 아주 먼 옛날 지중해를 지키던 세계 최초의 등대,
'파로스의 등대'가 있던 자리!
와~ 마지막까지 알차게 보고 배웠네!
이번 이집트 여행도 절대 잊지 못할 거야! 안녕~ 이집트!

파로스 등대 상상도

파로스 등대는 120미터의 초고층에 아름다운 모습으로 유명했대. 지금 요새의 벽 일부는 등대의 일부였던 돌로 만들어졌지.

용선생의 스페셜 가이드

시끌벅적 이집트의 축제

열흘 동안의 이집트 여행 즐거웠니?
이집트에는 우리가 미처 경험하지 못했던 다양한 축제가 있어.
이집트에 어떤 축제가 있는지 알아 보자!

봄을 반기는 오래된 전통 축제, 샴 엘나심

4월 중순에서 5월 초 사이 콥트 교회 부활절 다음날 열리는 축제야. 이집트 사람들은 이 기간 동안 종교에 상관없이 이른 아침부터 따뜻한 봄 날씨를 느끼며 즐거운 시간을 보내. 동물원이나 유원지에서 소풍을 즐기고, 고대 이집트인들에게 부유함을 상징하는 소금에 절인 생선인 피쉬크와 삶은 달걀을 함께 먹으며 가족의 건강과 행복을 기원하지.

1월에 즐기는 콥트 성탄절

이집트에서 콥트 교회에 다니는 사람들은 1월 7일에 성탄절을 보내. 성탄절 기간에는 트리와 양초로 집안을 장식하고 사람들은 초나 전등을 가족이나 친척, 이웃뿐 아니라 가난한 사람에게도 선물한대. 성탄절 전날 밤에는 새 옷을 입고 예배를 드려. 예배가 끝나는 종이 울리면 사람들은 '꾸르반'이라는 빵을 받아 집으로 돌아가지. 집에서는 빵, 쌀, 마늘과 삶은 고기로 만든 '파타'를 만들어 먹어.

경이로운 자연의 쇼, 아부심벨 축제

아부심벨 신전은 일 년에 딱 두 번 신전의 깊숙한 곳까지 빛이 들어간다고 했던 거 기억나니? 이 현상을 기념하기 위해 축제를 벌인대. 축제는 이른 새벽 태양이 떠오르기 전 신전 주위에서 태양을 기다리면서 시작돼. 전통 의상을 입은 무용수와 음악가들이 태양을 맞이하는 공연을 선보이지. 그러다 드디어 태양이 떠오르면 늘 어둠에 싸여 있던 곳이 환하게 빛나는 극적인 장면이 20여 분 동안 펼쳐져. 이 모습이 이집트 방송을 통해 생중계되며, 이날 신전 주위에서는 밤늦도록 흥겨운 축제가 이어진대.

이슬람 최대의 축제, 이드 알피트르

이슬람교도들이 라마단 동안의 단식을 끝내고 벌이는 축제야. 라마단은 이슬람 달력으로 9월인데, 이달은 이슬람교도들이 신성한 달로 여겨. 그래서 이슬람교를 믿는 사람들은 라마단 기간 동안에는 해가 뜨고 질 때까지 단식을 하며 몸과 마음을 수련한대. 라마단이 끝나면 그 다음날부터 3일 동안 축제가 열리는데, 이슬람교도는 새 옷으로 갈아입고 사원에 모여 예배를 드리고, 많은 음식을 장만해 축하하지.

숨은 단어 찾기

벌써 이집트 여행이 끝나버렸네.
아래 표에는 지금까지 이집트를 여행하면서 알게 된 단어가 숨어 있어.
숨은 단어는 모두 10개! 함께 찾아보자!

알	등	비	록	해	병	피	라	미	드
렉	나	강	펠	요	찰	벨	예	꾸	흑
산	일	낙	카	파	라	오	축	반	책
드	강	칠	순	샤	만	흥	까	등	투
리	권	보	아	부	심	벨	파	첩	탕
아	카	이	로	안	이	양	핀	촌	카
유	조	집	오	빼	성	슬	크	청	멘
석	승	도	시	경	타	달	람	콥	택
장	핀	왕	리	었	판	즐	단	교	위
스	핑	크	스	본	추	기	력	한	체

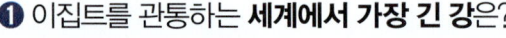

❶ 이집트를 관통하는 **세계에서 가장 긴 강**은?

❷ **이집트의 수도**는?

❸ 이집트 국민의 **약 90퍼센트가 믿는 종교**는?

❹ **돌이나 벽돌을 쌓아 만든 거대한 건축물**이야. 주로 고대 이집트 왕이나 왕족의 무덤이지.

❺ **고대 이집트 왕국의 지배자**로, 백성들은 **신의 아들**이라고 믿었대.

❻ 피라미드를 지키며 나쁜 귀신을 막는 조각상은?

❼ 이 신전은 **람세스 2세가 자신의 위대함을 알리기 위해 만든 곳**이야. 댐 건설로 물에 잠길 위기에 처하자 신전 전체를 이동했지. (○○○○ 신전)

❽ **재생과 부활의 신**이자 이집트를 다스리는 신이야.

❾ 왕들의 계곡에서 **온전한 형태로 발견된 무덤의 주인**은?

❿ **이집트에서 두 번째로 큰 도시**로, 알렉산드로스 대왕의 이름을 따서 세운 도시는?

안녕~ 이집트!

여행은 즐거웠니?
여행하며 배운 내용을 다시 한번 확인해 볼까?

퀴즈로 정리하는 이집트

이집트 땅은 어떻게 생겼을까? — 지리

설명을 읽고, 알맞은 단어에 동그라미를 쳐 보자.

1. 이집트는 (아프리카 / 유럽)의 북동쪽 끝에 있고, (대서양 / 지중해)와 접해 있어.

2. 이집트는 나일강 주변과 좁은 해안 지방을 빼면 전국이 (사막 / 밀림)이야.

3. 이집트는 세계에서 가장 큰 해양 운하인 (수에즈 / 코린토스) 운하로 많은 돈을 벌어.

이집트는 어떤 역사를 가지고 있을까? — 역사

보기 에서 알맞은 단어를 찾아 빈칸에 써 보자!

보기 람세스 2세, 멤피스, 누비아, 쿠푸, 하트셉수트, 클레오파트라, 아스완, 룩소르, 이슬람, 로마

4. 메네스가 나일강 상류의 상이집트와 하류의 하이집트를 통일하고 (　　　)를 수도로 정했어.

5. (　　　)는 고대 이집트 왕국의 전성기를 이끈 파라오로, 이집트 곳곳에 석상과 신전이 있어.

6. (　　　)는 이집트에 특산물을 공급하는 중요한 지역이었는데, 한때 이집트를 지배한 적도 있지.

7. 이집트는 천 년 넘게 (　　　) 제국의 지배를 받았어.

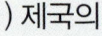

문화

이집트 사람들은 어떤 모습으로 살아갈까?

다음 문장을 읽고, 알맞은 답을 골라보자.

8 이집트 인구의 약 10퍼센트가 믿고, 1월에 성탄절을 보내는 종교는?
　① 힌두교　　② 불교　　③ 콥트교

9 고대 이집트 사람들이 종이처럼 사용한 것은?
　① 파피루스　　② 에이쉬　　③ 코샤리

10 이집트 전통 의상으로 바람이 잘 통하는 천을 원피스 형태로 만든 옷은?
　① 아오자이　　② 갈라비아　　③ 기모노

경제

이집트는 어떤 산업이 발달했을까?

다음 문장을 읽고 옳은 것에는 O, 틀린 것에는 X에 동그라미를 쳐 보자.

11 이집트의 관광 산업은 국내 총생산(GDP)의 10분의 1을 차지할 정도로 발달했어. (O, X)

12 이집트는 공업이 발달해서 농업은 중요하지 않아. (O, X)

정답

1일

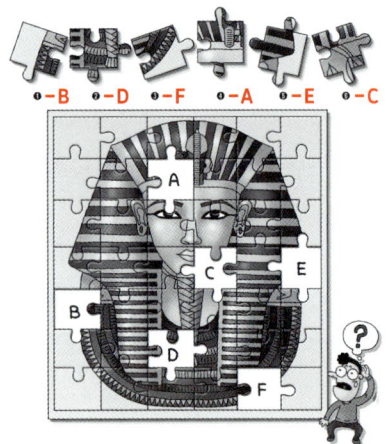

2일

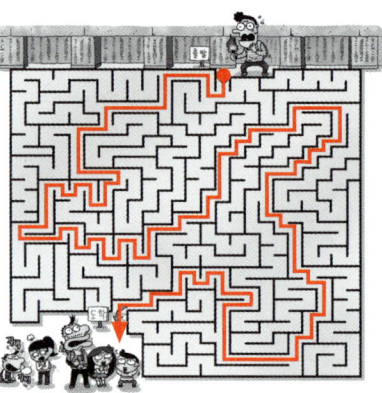

3일

4일

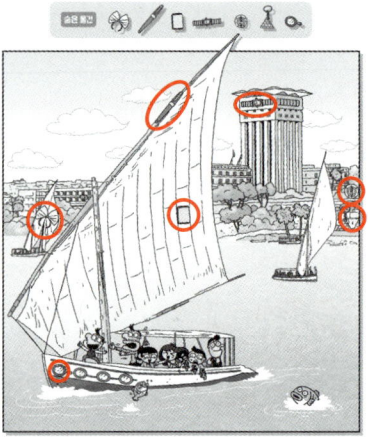

5일

6일

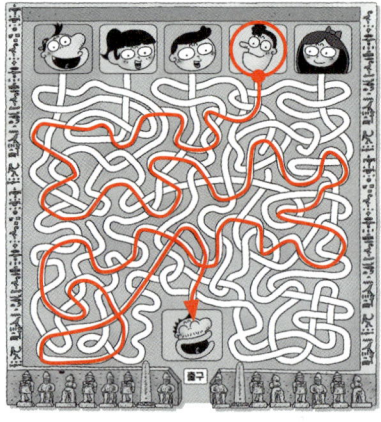

7일

8일

9일

10일

나도 곳곳에 숨어 있었는데, 찾았니? 몰랐다면 다시 한번 살펴봐~

퀴즈로 정리하는 이집트 <정답>

1 아프리카, 지중해		**2** 사막		**3** 수에즈		**4** 멤피스
5 람세스 2세		**6** 누비아		**7** 이슬람		**8** ③
9 ①		**10** ②		**11** O		**12** X

〈사진 제공〉

[셔터스톡] lexan, Orhan Cam, EvrenKalinbacak, leshiy985, Khaled ElAdawy, Marwa Elsayed, Victor Jiang, Copycat37, TJ Brown, ebonyeg, Anton_Ivanov, Sun_Shine, Dietmar Rauscher, Andrej Privizer, suronin, Mohammed younos, keem ahmed, Kayihan Bolukbasi, Raymond Albert

[위키피디아] Roland Unger, Sailko, Ahmed Al.Badawy from Cairo-Egypt, Olaf Tausch, kairoinfo4u, Jeff Dahl, Jorge Láscar from Melbourne, Australia, kallerna, Steve F-E-Cameron (Merlin-UK), Mmelouk, Dennis Jarvis from Halifax-Canada, Carole Raddato from FRANKFURT-Germany, ddenisen (D. Denisenkov), Jon Bodsworth, Marc Ryckaert (MJJR), Baycrest, Mina.maher.aziz, Institute for the Study of the Ancient World from New York-United States of America, Leon petrosyan, Mark Fischer

※ 퍼블릭 도메인은 따로 표기하지 않았습니다.

용선생이 간다 : 이집트
세계 문화 여행 ⑭

1쇄 발행 2021년 11월 1일
5쇄 발행 2024년 3월 15일

글 사회평론 역사연구소
그림 뭉선생, 윤효식
자문 및 감수 곽민수
캐릭터 이우일
어린이사업본부 이승필
편집 송용운, 김언진
마케팅 조수환, 홍진혁
경영지원 나연희, 주광근, 오민정, 정민희, 김수아, 장재민
디자인 박효영
조판 디자인 톡톡

펴낸이 윤철호
펴낸곳 ㈜사회평론
전화 02-326-1182
팩스 02-326-1626
주소 03993 서울시 마포구 월드컵북로6길 56 사평빌딩
용선생 클래스 yongclass.com
출판등록 1993년 10월 6일 제10-876호

ⓒ 사회평론, 2021

ISBN 979-11-6273-185-7 77900

* 이 책 내용의 일부나 전부를 다시 사용하려면 저작권자와 사회평론의 동의를 받아야 합니다.
* 잘못 만들어진 책은 구입하신 곳에서 바꾸어 드립니다.

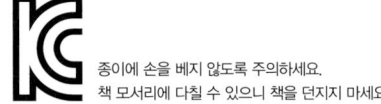

종이에 손을 베지 않도록 주의하세요.
책 모서리에 다칠 수 있으니 책을 던지지 마세요.